나는 지방의회에서 일한다

나는 지방의회에서 일한다

이일우 지음

추천사

제가 국민권익위원회 위원장으로 재직하였을 때 저자는 권익위의 고충민원을 조사하는 조사관으로 오랫동안 근무 중이었습니다. 제가 권익위를 떠난 수년 후 저자도 지방의회의 전문위원으로 이직하였습니다. 최근 이 책을 출판하게 되었다는 연락을 받자 오랜만에 권익위에서 고충민원을 처리하였을 때의 이런저런 기억들이 떠올라 무척 반가웠습니다. 책을 읽어보니 지방의회의 전문위원의 업무와 고충민원을 조사하는 조사관의 업무에는 많은 접점이 있겠다고 생각되었습니다.

우리나라에서는 지방자치를 풀뿌리민주주의의 구현이라고 설명하곤 합니다. 원래 시민들이 직접 정치에 참여하여 목소리를 내는 민주주의를 뜻하는 말이 지방자치를 일컫는 말로 사용되는 이유는 그만큼 지방자치가 시민들의 삶과 직접적인 연관이 있기 때문일 것입니다. 그 중에서도 지방의회는 마치 국회가 입법기능 외에도 행정부에 대한 견제기능을 수행하듯이 지방자치단체를 위한 입법기능 외에도 집행 부서에 대한 견제의 기능을 하고 있습니다. 견제와 균형이 좋은 민주주의를 이루는 근간이라는 점을 생각해 볼 때 지방자치가 민주주의의 학교로서 역할을 다하는 것이 중요하다는 걸 새삼 깨닫게 됩니다.

KTX열차를 타면 예상했던 것보다 빠른 시간 내에 목적지에 도착했다고 느껴져 깜짝 놀랄 때가 많습니다. 처음 KTX열차를 신설한다고 할 때 우리나라처럼 넓지도 않은 나라에서 과연 필요한가 논쟁이 있었던 기억이 납니다. 그러나 일단 초고속열차가 달리기 시작하자 사람들은 그 경이로운 속도에 금새 익숙해져서 새마을호로 이동하던 시절로는 돌아갈 수 없게 되었습니다.

편리한 KTX열차를 타고 서울-부산 등지를 오가다 보면 중간에 미처 서지 못하고 지나치는 지역들이 참 많다는 걸 알게 됩니다. 너무나 빠르기에 어느 역을 지나치는지 표지판을 읽을 수도 없을 때가 더 많습니다. 목적지에 도달하는 데는 무척 효율적이지만 열차가 서지 않고 지나치는 크고 작은 지역들이 소외되는 것에 익숙해지고 이윽고 당연하게 느껴지기도 하여 놀랄 때도 있습니다.

정치나 행정의 영역도 중앙정부를 중심으로 돌아가면서 청와대나 국회가 관심을 가져주지 않는 사안은 묻혀버리고 잊혀버리기도 합니다. 그래서 풀뿌리민주주의를 현실적으로 체감하지 못하는 주민들은 중앙으로 중앙으로 달려가서 시위도 하고 하소연도 하고 청탁도 하면서 문제의 해결을 시도해 보기도 합니다. 지방자치가 좀더 탄탄하게 자리잡아야만 이런 고충들이 사라지게 될 것입니다.

저자의 지적대로 명품을 판매하는 백화점이나 대규모 할인세일을 하는 대형마트보다 편의점이 주민들과 더 가까우므로 편의점이 더 다양해지고 좋아질수록 주민들의 편리성이 증대되는 것처럼 구청과 구의회가 더 다양해지고 좋아진다면 지역 주민들의 삶의 질이 훨씬 더 좋아질 것입니다. 이 책을 쓰게 된 동기가 지방의회를 이해하는 데 도움을 주어서 지역 주민들이 지방자치에 더 많이 참여하도록 하는 데 있다고 저자는 밝히고 있습니다. 그리고 저자는 주민들에게 실질적인 도움을 준 다양한 사례들을 들어서 지방의회의 역할을 설명하고 있습니다. 지방의회를 직장으로 삼을 수 있는 사람은 많지 않겠지만 주민들 모두는 지방의회의 혜택을 받을 수 있는 사람들입니다. 우리 모두가 지방의회에 관심을 가져야 하는 이유에 대해 더 이상 말을 보탤 필요는 없을 것 같습니다.

김영란

아주대학교 법학전문대학원 석좌교수

前 국민권익위원회 위원장, 前 대법관

프롤로그

나는 지방의회가 좋다

"지방의회가 뭐예요?"

"지방의원이요? 쓸데없이 해외연수나 다니는 사람들?"

"지방의원들이 행정을 알겠어?"

대한민국 국민은 자기가 사는 지역의 시의원, 구의원 또는 군의원의 이름을 얼마나 알까? 국회의원의 이름을 아는 만큼 지방의원의 이름을 아는 주민이 과연 어느 정도일까? 안타깝게도 주민들 대부분은 위와 같은 말부터 할지도 모른다. 언론에서는 수시로 지방의회에 대한 부정적인 기사를 쏟아낸다. 심지어 구의회 전문위원으로 재직할 당시 내게 구의회 폐지를 노골적으로 주장하는 구청 공무원들을 적지 않게 만났다. 동네 주민들은커녕 구청의 8~9급 공무원들조차 구의회가 뭐 하는 곳인지, 구의원이 누구인지조차 큰 관심이 없는 현실이다. 정년이 보장된 구청 공무원들에게 임기가 정해진 선출직 구의원들이 쉽게 휘둘리거나 위축될 때마다 안타까웠다. 나는 그럴수록 취약한 지방의회 제도에 분노하면서, 직업공무원들에 비해 사실상 약자弱者인 구의원들을 연민으로 바라봤다. 모 식품회사 광고 문구처럼 '구의회, 주민한테 참 좋은데, 표현할 방법이 없네.' 같은 심정이랄까.

미국의 페미니스트 활동가이자 비평가인 소라야 시멀리Soraya Chemaly는 삶의 모든 영역에서 여성이 마주하는 부당한 현실을 분석하고, 그로 인한 분노를 '변화를 위한 촉매제'로 이용할 권리를 주장하는 논픽션《우리의 분노는 길을 만든다》(2022, 문학동네)를 출간했다. 이 책의 다양한 추천사를 보면서 분노는 가치와 권리의 주장이며 희망의 표현이고 특히 분노에는 진실이 있다는 말에 적극 공감했다. 나 역시 이번 책을 출간하기로 마음먹은 이유가 '분노'였기 때문이다.

나는 지방의회가 좋다. 내 경험으로는 인력과 예산 규모, 권한 등의 측면에서 볼 때 국회를 대형백화점에, 서울시의회나 경기도의회 같은 광역의회는 대형마트로, 서대문구의회나 도봉구의회 같은 자치구의회는 동네에 있는 편의점으로 비유할 수 있을 것 같다. 규모가 작다고 구의회를 폄하하는 뜻이 아니다. 편의점에도 있을 건 다 있다. 명품을 판매하는 백화점이나 대규모 할인세

일을 하는 대형마트 못지않게 주민들에게는 동네 이곳저곳에 있는 편의점이 오히려 유용할 수 있다. 치약과 칫솔 한두 개를 사러 백화점이나 대형마트까지 가지는 않으니까. 편의점에서 판매하는 상품이 다양해지고 질이 좋아지며 서비스까지 향상된다면 당연히 환영할 일이 아닌가? 그런데 구의회에 대한 주민들의 관심이 편의점보다도 못한 것 같아 씁쓸할 때가 많다. 조금만 따져 보면 구청과 구의회의 주요 업무가 바로 생활 밀착형 행정서비스인데도 말이다. 그런 의미에서 국회의원 선거나 대통령 선거보다 어쩌면 지방자치단체장과 지방의원을 선출하는 지방선거가 주민들에게 더 중요할지도 모른다. 편의점이 아무렇게나 난립하거나 기본적인 기능을 소홀히 하면 불편을 겪는 건 바로 그 지역 주민들이기 때문이다.

지방의회와 관련된 내용이 워낙 광범위하다보니 처음 책을 구상할 때부터 기초의회인 구의회 사례를 중심으로 정리했다. 2022년 5월 현재는 서울시의회에서 근무하고 있지만 구의회가 내 지방의회 근무 경력의 대부분이고, 자칫 지방의회 전반에 대한 성급한 일반화의 오류를 경계하고 싶었다. 그럼에도 불구하고 전국에 자치구의회가 69곳이고 시의회와 군의회가 157곳이며 서울시에는 25개의 자치구의회가 있으므로 이 책에서 다루는 구의회에 대한 다양한 정보가 기초의회 더 나아가 지방의회를 이해하는데 전혀 쓸모없진 않을 거라고 본다.

이 책은 모두 5장으로 이루어져 있다. 1장에서는 내가 구의회 전문위원으로 이직하고 적응하기까지 과정을 솔직하게 표현하려고 했다. 2장에서는 구의회가 언제부터 생겼고 왜 필요한지 정리했다. 3장에서는 구의회가 주민들에게 실제로 어떻게 도움이 되는지 사례를 중심으로 살펴봤다. 4장에서는 구의회의 요모조모를 통해 독자들에게 구의회를 좀 더 자세히 소개했다. 5장에서는 흔히 언론을 통해서 알고 있는 구의원들에 대한 오해나 선입견을 조금이나마 해소시키기 위한 내용을 정리했다. 에필로그에서는 구의회에서 일하고 싶어하는 청년들에게 도움이 될 만한 사항을 정리해봤다. 지방의회에 익숙하지 않은 독자도 쉽게 이해할 수 있도록 이론적인 내용은 최소한으로 줄이고자 노력했다. 전문용어와 논리의 전개에서 부족한 부분은 전문 서적과 논문 등을 참고하여 보완했다.

이번 책을 출간하면서 많은 분의 도움을 받았다. 소행성 출판사의 윤혜자 대표님과 《부부가 둘 다 놀고 있습니다》의 저자 편성준 님께서는 기획부터 이번 원고의 초고 검토까지 수고를 마다하지 않으셨다. 도봉구의회 사무국 김성현 주임님과 서대문구의회 사무국 장혜경 계장님은 원고의 사소한 오탈자까지 살펴주는 꼼꼼함을 보여줬다. 네 분께 이 자리를 빌려 고맙다는 인사를 드리고 싶다. 도서출판 새빛의 전익균 대표님께도 감사의 인사를 드린다. 초보 저자 때문에 답답한 일이 많았을 텐데 격려와 지지를 아끼지 않아 주셨다. 내 원고의 첫 독자인 아내의 역할도 빼놓을 수가 없다. 완벽주의 성격으로 자주 불안해하는 내가 업무 틈틈이 이런 결실을 맺을 수 있었던 것은 모두 아내 이정아의 덕분이다. 아무쪼록 지역 주민들이 한국 지방의회의 현실을 이해하고 그 운영에 참여하는 데 이 책이 작은 벽돌 한 장이라도 될 수 있기를 소망한다.

2022년 5월

이일우

차례

3장
주민들에게 도움이 되는 구의회의 역할

4장
구의회에 대한 이모저모

5장
구의원을 위한 변명: 지방의원에 대한 오해와 편견

1장

나는 지방의회 전문위원이다

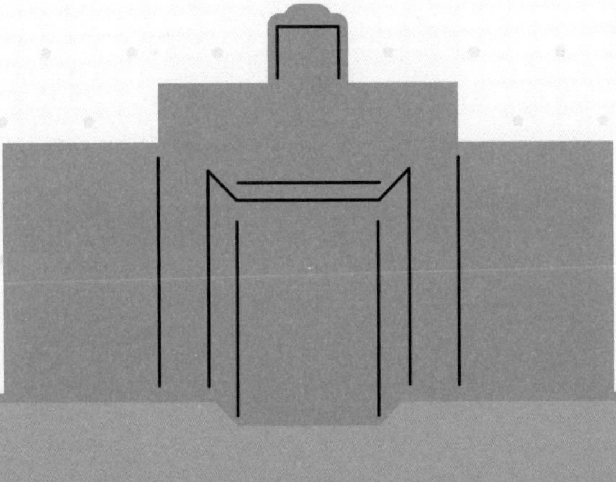

01

지방의회에 첫발을 내딛다

2015년 3월 10일 오전 4시.

내가 국민권익위원회(이하 '권익위'라 함)에서 서대문구의회로 이직하고 처음으로 출근한 순간이다. 공교롭게도 이날은 구의원들이 중국으로 해외연수를 출발하는 때였다. 오전 8시 전후 공항에서 출발하는 비행기로 기억하는데, 의원들에게 발령 인사도 하고 배웅도 해야 하니 오전 6시 전까지 늦지 않게 출근하라는 연락을 서무주임한테 전날 통보받았다. 안 그래도 의회 근무가 처음이라 첫 출근을 앞두고 며칠째 긴장하며 지냈는데, 새벽 일찍 일어나야 한다는 생각에 나는 통 잠을 이루지 못했다. 얼마나 잤을까 자정이 넘어 눈이 떠지더니 정신이 계속 말똥말똥했다. 새벽 3시가 지나자 잠자는 걸 단념했다. 이럴 바에 차라리 일찍 출근하자는 심정으로 준비를 해 집을 나섰다. 그런데 이게 웬일인가. 새벽 4시경 도착한 구의회 현관문은 굳게 잠긴 채 사설 경호 시스템만 나를 반겼다. 첫 출근이다보니 미리 지문등록을 했거나 출입증을 가지고 있을 리가 만무했다. 구의회 현관문 앞에서 잠시 갈 곳을 잃고 헤맸다. 독립문공원과 안산 자락 사이의 한켠에 자리 잡은 당시 구의회 건물은 주변에 편의점도 없었다. 아직 새벽 바람이 차가운 때라 십여 분을 걸어 내려와 근처에 있는 세란병원으로 갔다. 병원 1층 접수 수납 창구 앞 의자에 앉아 구의회 현관문이 열리기를 기다리기로 했다. 따뜻한 실내 기온 때문인지 의자에 앉자마자 졸음이 쏟아졌다. 그렇게 꾸벅꾸벅 졸다 깨다하며 구의회 첫 출근 날 아침을 세란병원에서 보냈다.

'구의회가 도대체 뭐기에 새벽부터 내가 종합병원 1층에서 이러고 있어야 하지…… 해외연수 출발 전날인 어제 오후 의장실에서 개별적으로 의장님께 인사했으면 된 것 아닌가. 다른 의원들은 해외연수 이후 정상적인 시간에 인사하면 큰일이라도 나는 걸까.' 세종시에서 서대문구로 이사한 어제 오후 이삿짐을 풀다 말고 허겁지겁 정장으로 갈아입은 후 의장실에 불려간 것도 의아하던 참이었다. 의장실에 불려간 어제는 정식 발령일도 아니었다. 수년쯤 지나고 나서야 내 첫 출근의 해프닝이 의회사무국 일부 직원들의 소위 '과잉 의전' 때문임을 깨달았다. 이렇게 어리바리 시작한 지방의회 생활이 2022년 4월로 8년 차다. 나는 언제부터 지방의회에서 일하고 싶었을까? 공무원은 언제부터 되고 싶었을까? 특별한 계기는 없었더라도 최소한의 단초는 있지 않았을까?

"커서 장관이 될 관상이네"

초등학교 고학년 때로 기억한다. 집에서 넘어져 몸을 다치신 할머니께서 군산에 있는 병원에 입원하신 바람에 대전에 살던 어머니와 나, 남동생이 병문안을 다녀온 적이 있다. 할머니께서는 6인실 규모의 병실 창가 가까이에 있는 침대에 누워 계셨다. 안방 다락을 오르내리시다 삐끗해 미끌어지셨다는데 어린 내가 봐도 아주 심각한 상태는 아닌 것 같았다. 의사소통도 평소랑 다를 바가 없었고 할머니의 표정이 밝았기 때문이다. 어머니와 내가 할머니께 반갑게 인사를 나누는 동안 바로 옆 침대에서 우리를 물끄러미 지켜보시던 할머니 환자분이 갑자기 우리에게 관상을 얘기하며 대화에 끼어들었다. 워낙 오래전 일이라 기억이 희미하지만, 어머니께는 얼굴 밖으로 향하는 눈썹 메이크업을 할 때 끝을 살짝 올려서 화장해야 여러모로 좋다고 권유했고, 내겐 커서 장관이 될 관상이라며 사주를 꼬치꼬치 묻기도 했다. 잠자코 듣고 계시던 우리 할머니께서는 웃으시면서 '에이, 할망구. 그만 좀 해.'라고 제지하셨지만, 당시 어머니와 나는 처음 듣는 노파의 예언에 귀가 쫑긋했던 걸로 기억한다. 지금 생각해봐도 웃음이 나오는 허무맹랑한 에피소드에 불과할 뿐인데, 가난한 집안 형편에 잠깐씩 TV 뉴스에서나 보던 장관이라는 말에 당연히 귀가 솔깃할 수밖에 없었다. 그때부터였던 것 같다, 내가 공직에 꿈을 둔 것이 초등학교 5, 6학년 정도밖에 안 된 나이였고 장관이 무슨 일을 하는지도 몰랐지만 이상하게 나는 그 황당무계한 예언이 나쁘지 않았다. 그게 불씨 또는 씨앗이 됐는지 고등학교 2학년 성탄절 전야에 천주교에서 세례를 받을 때 했던 첫 기도 중에 나는 공직자가 되게 해달라고 침묵 속에 하느님께 청했다. 고교시절 3년간 담임이었던 분이 나의 대학진학 상담을 하면서 행정고시를 통해 공무원을 하면 어울릴 것 같다며 법학과와 행정학과를 제안했을 때 당연하다는 생각뿐이었다.

20대 초반이었던 1992~1994년 서울지방경찰청에서 전투경찰로 근무했다. 당시 내가 소속된 부대 전체가 MBC "우정의 무대" 녹화방송에 방청객으로 동원된 적이 있다. 태어나서 처음으로 공중파 예능프로그램의 녹화현장과 연예인들을 직접 본다는 생각에 무척 들떴던 것으로 기억한다. 녹화 당일 비가 내리는 궂은 날씨에도 MC 이상용을 비롯한 출연진들과 스태프들의 일사분란한 움직임에서 시선을 뗄 수가 없었다. 그런데 이상했다. 그날 무대 중앙에서 각종 공연을 선보이던 연예인들보다 수십 명의 스태프들이 훨씬 내 눈에 자주 들어왔다. 그중에서도 무대의 이곳저곳과 여러 대의 카메라 사이를 오고 가며 프로그램 전체를 진두지휘하던 왜소한 체구의 연출가가 가장 인상적이었다. 스포트라이트를 받는 연예인도 아니고 MC도 아닌 스태프와 연출가에게 더 눈길이 가다니. 그런 내 모습에 나조차 놀랐다.

대학시절 전공과목 강의시간에 담당교수의 제안으로 관련 학회의 세미나나 학술대회에 참석한 적이 있다. 이런 행사들은 교내 대강당이나 널찍한 대형강의실에서 진행됐는데, 대학원생과 달리 학부생들은 주로 자리를 채우는 역할이었다. 처음 가본 전공세미나와 학술대회에서 전공 지식이 부족한 터라 발제자의 발표 내용은 마치 모르는 외국어를 듣는 것처럼 지루하고 생소했다. 하지만 토론시간에 좌장의 역할을 보면서 잠이 확 깼다. '100분 토론'의 사회자보다 진행이 매끄럽고 노련해 보였다. 단순히 시간 체크에 그치지 않고 일상적인 표현으로 발표 내용의 핵심을 짚어주고 발제자 간 쟁점을 부각시키면서 뭔가 생산적인 토론을 한다는 인상을 받았다.

권익위에 근무할 때는 민원인과 하는 상담과 조정회의가 좋았다. 민원 상담은 마음이 힘든 민원인의 이야기를 들으며 공감하는 과정 자체가 보람이 있었고, 민원 신청인과 피신청인 사이의 의견 차이를 놓고 대안을 모색하는 과정의 역동성이 좋았다. 물론 담당 분야에 대한 배경지식이 부족해 매번 긴장과 불안으로 마음고생을 했고 간혹 인신공격을 하는 민원인을 만날 때는 솔직히 두렵기도 했다. 그러나 돌다리도 두들겨보듯 민원인에게 유리한 사실관계나 관련 규정이 없을까 조사하고 피신청기관을 설득한 끝에 합의 또는 조정이 성립되었을 때의 보람은 뭐라 말할 수 없을 정도로 기뻤다.

권익위 조사관 생활이 9년으로 접어들면서 그동안 조사 또는 상담한 민원들을 헤아려 보니 어림잡아도 3천 건을 훌쩍 넘겼다. 그 민원들 중에서 해결한 비율은 과연 얼마나 될까 생각하니 나 자신이 무력하다는 생각이 들었다. 야구선수가 10차례 타석에 나가 세번을 출루하면 3할대 타율이라고 하던가. 야구에서는 3할대 타율이 만만치 않은 기록인데, 권익위 조사관의 민원 사건 인용률은 1~2%나 될까 싶었다. 물론 야구와 행정을 동일선상에 놓고 비교하는 것 자체가 무리겠지만 타석에 들어선 타자만큼이나 고충민원을 처리하는 조사관으로서 담당 사건의 인용률을 높이고 싶은 건 인지상정이다. 어찌 보면 조사관이 조사한 민원들 가운데 합의나 의견표명 등으로 인용된 민원의 비중이 적다는 것은 그만큼 해당 피신청기관의 행정절차에 문제가 없었든지, 아니면 담당 조사관의 조사가 미흡했든지 둘 중 하나가 아닐까 싶었다. 나는 후자에 더 마음이 갔다. 가야 할 길은 먼데 여전히 제자리에 있는 것만 같았다. 당시 내가 담당한 주택 건축 분야에 큰 흥미를 느끼지 못한 것도 이직을 결심한 중요한 이유 중 하나였다. 수년간 익숙해질만도 했지만 건축과 토목 관련 전문용어나 법률들은 늘 생소했다. 나는 워낙 부동산 자체에 큰 관심이 없기도 했다. 나의 권익위 조사관 생활을 지탱해준 것은 한마디로 '연민' 외에는 없었던 것 같다. 힘없고 자기 목소리를 내기 어려운 사람들이 경제적 부담없이 공공기관을 상대로 권리를 주장할 수 있는 곳이 권익위라고 생각하였다. 그래서 권익위 조사관은 '민원인의 변호인'이자 피신청기관에게는 '검사'와 비슷하다고 나 스스로 자부한 적도 있다.

나는 평소에 사극이나 시대극을 즐겨보지 않는다. 재현된 드라마라는 선입견 때문에 이상하게 몰입이 안 된다. 하지만 2014년 초 KBS에서 방영된 사극 〈정도전〉을 보면서 가슴이 뛰었다. 역사적 사실을 그럴듯하게 풀어간 작가와 연출가의 솜씨도 좋았지만, 정도전을 비롯해 이성계, 이인임, 정몽주, 하륜, 이방원 등의 주옥같은 어록을 들으면서 여러 번 무릎을 치곤 했다. 우여곡절을 겪으면서도 정치적인 목적을 관철하는 인물들의 활약상도 인상적이었다. 예전부터 보좌관을 꿈꾸던 내게 맞춤형 사극이었다. 2015년 방영된 KBS의 〈어셈블리〉나 2019년 JTBC의 〈보좌관〉도 국회 보좌관들의 활동을 엿볼 수 있어서 흥미로웠다. 사실 권익위에 근무하면서 지방의회에 원서를 제출하고 낙방한 일이 최소 10회 이상이다. 곧바로 국회 보좌관으로 가기엔 관련 경험이 너무 없다는 생각에 우회(?)하는 방법을 택했다. 2009년 결혼 이후에는 국회의원의 성향에 따라 고용이 불안정한 보좌관의 신분도 부담이었다. 나로서는 국회 보좌관이라는 진로를 향해 현실적인 타협점으로 지방의회 전문위원을 택한 셈이다. 그렇게 오랜 시간 짝사랑하던 지방의회와 2015년 3월 10일, 드디어 정식으로 사귀게 됐다.

02

지방의회 전문위원은 무엇으로 사는가?

봉준호 감독이 영화 〈기생충〉으로 2020년 2월 제92회 아카데미 시상식에서 작품상, 감독상, 각본상, 국제영화상까지 4관왕의 영예를 안았을 때 했던 수상 소감이 화제가 됐던 적이 있다. 함께 후보에 오른 77세의 거장 감독인 마틴 스코세지Martin Scorsese를 향해 다음과 같이 존경을 표해 눈길을 끌었다. “영화 공부할 때 ‘가장 개인적인 것이 가장 창의적인 것이다’라는 말을 새겼다. 그 말은 바로 마틴 스콜세이지 감독의 말이었다”며 자리에 있는 마틴 스코세지 감독을 가리켰고, 마틴 스코세지 감독은 그런 봉 감독을 향해 환한 표정으로 손을 흔들었다. 한때 널리 회자됐던 ‘가장 한국적인 것이 세계적이다’라는 말은 독일의 대문호 괴테가 ‘가장 민족적인 것이 세계적이다’라고 말한 것에서 유래되었다

고 한다.[1]

구의회 전문위원으로 일하는 내내 내가 과연 업무를 잘하고 있는지 스스로에게 끊임없이 질문했다. 전문위원으로 일을 잘한다는 것이 무엇이고, 전문성이란 무엇이며, 좋은 전문위원이란 어떤 것인지 묻고 또 물었다. 봉준호 감독의 말대로 나다운 것이 정말로 창의적인 것인지 궁금했다.

20대 후반쯤 천주교 성당에서 봉사활동을 한 적이 있다. 천주교 대전교구에서 진행한 청년들 대상의 '선택Choice, 초이스'이라는 교육프로그램이었다. 수개월의 준비기간을 거쳐 드디어 행사 당일. 지도 신부님과 함께 봉사자 여러 명이 몇 시간쯤 일찍 도착해 행사장의 각종 시설과 준비물 등을 점검했다. 당시 일정 중에 가장 하이라이트는 저녁 늦은 시간에 진행되는 '참회의 시간'이었다. 행사가 진행되는 건물 1층에서 1부 프로그램을 마치고 실내 모든 전등이 꺼지면 참가자들이 미리 복도에 줄지어 배치한 컵초를 따라서 지하 1층 강당까지 걸어가야 했다. 어두컴컴한 지하 1층까지는 희미한 컵초만이 바닥에 있을 뿐 침묵으로 진행되는 엄숙한 순서였다. 참가자들이 모두 지하 1층에 도착할 즈음 강당 중앙에 미리 설치해 놓은 길이 약 1m 내외, 직경 약 10cm 정도의 대형 초에 불을 점화하면서 2부 순서가 시작되도록 짜여져 있었다. 대형 초는 약 1m 높이의 받침대 위에 놓여 있어 평균 성인 남성 키보다 높게 세워졌다. 지도신부인 곽명호 루까 신부님께서는 현장점검을 하시다가 갑자기 대형 초의 윗부분을 확인해봤냐고 물으셨다. 난 그게 무슨 뜻인지 몰라서 잠시 머뭇거렸다. 그럴 줄 알았다는 듯이 곽 신부님은 여유있는 미소를 지으시며 대형 초의 가장 윗부분에 있는 심지가 외부로 적당하게 돌출된 상태인지 확인하시고 즉석에서 라이터를 이용해 심지에 불을 붙여보셨다. 의외로 심지에 불이 잘 붙질 않았다. 심지가 양초의 몸통에 깊숙이 박혀있었기 때문이다. 곽 신부님은 가지고 계시던 드라이버로 대형 초 윗부분을 조금씩 파내고 심지를 외부로 빼내었다. 한번에 불이 점화되는 것을 확인하신 후 신부님께서 내게 하셨던 말씀이 아직도 생생하다. "일우야, 이게 프로와 아마추어의 차이라는 거다."

돌아보면 2015년 3월 초 구의회로 이직한 후 많은 시행착오를 겪었다. 의회 경험이 없던 탓에 모든 것이 낯설기만 했다. 머릿속이 하얘지거나 아차 싶었던 상황도 많았다. 얼굴이 화끈거렸던 에피소드만으로 소책자를 만들 수 있을 것 같다. 의사일정, 상임위, 본회의, 각종 조례안, 검토보고서 등등 처음 해보는 업무였지만 프로답게 하려고 노력했다. 집행부에서 발령받는 행정직 전문위원이 아니라 외부에서 채용된 임기제 전문위원인 만큼 의원들의 기대를 만족시켜야 했다. 외부 채용인 임기제 전문위원과 입법조사관 등이 수십 명에 이르고 입법담당관과 예산담당관 등의 보좌 기구가 체계적으로 갖춰진 서울시의회에 비하면 구의회는 너무 열악했지만 지난 7년간 전문위원으로 정말 원없이 일했다.

하지만 이상하게도 내가 전문위원의 역할에 충실할수록 오해나 뒷담화가 다반사였다. 사람들이 모인 조직이 흔히 그렇듯이 사안의 옳고 그름보다 내 편이냐 네 편이냐가 훨씬 중요했다. 9급 또는 7급 공채로 자치구에서 공무원 생활을 시작해 20년 이상 그곳에서만 근무한 구청 공무원에게 나같은 외부 채용 전문위원은 생경함 그 자체였다. 수십 년간 의회사무국 직원의 인사권을 구청장이 행사해온 현실에서 의회 위상을 높인다며 감히(?) 구청장이 제출한 안건을 비판적으로 검토하는 전문위원은 '광야에서 외치는 싸가지 없는 소리'에 불과했다. 몇몇 의회마인드가 있는 의원들이 내 생각에 공감해주고 격려했지만 집행부 공무원들 입장에서 나를 부정적으로 평가하는 의원들도 있었다. 진정으로 주민들을 위한 구의회로 작동하려면 집행부 공무원들에게 미움받을 용기가 필요했다.

그렇지만 구청장과 집행부 관료들이 압도적으로 우위인 기초의회 현실에서 그런 용기는 흡사 '다윗과 골리앗'의 싸움이었고 외로움이 반대급부였다. 상임위 중심으로 의회를 운영하고 이를 위해 전문위원이 제 역할을 해야한다고 처신할수록 나는 의회사무국에서 고립됐다. 구의회 주변 골목길을 하염없이 배회하는 날이 많았다. 집행부 공무원들에게 좋은 전문위원이라는 평판을 나 역시 받고 싶었다. 그렇지만 타협이 쉽지 않았다. 어느 정도까지, 어떻게 소관부서 직원들과 타협해야할지 판단이 쉽지 않았다. 좋은 전문위원의 정의定義 자체가 서로 너무 달랐다. 좋은 게 좋다는 식으로 하다가는 자칫 이도 저도 아닌 전문위원이 될 것 같은 우려도 됐다. 구의회 사무국에도 시의회처럼 외부 채용 임기제 전문위원이 많아진다면 지금보다는 덜 외로울 거라는 상상을 자주 했다. 이처럼 내 성격의 원만함 여부와 상관없이 주로 구의회와 전문위원을 바라보는 관료들과 나의 마인드 차이로 인해 크고 작은 갈등을 겪어야 했다.

일례로 구의원의 입법 활동과 의정활동을 지원하는 시간선택제 임기제 신분의 입법지원 전담 직원 1명을 채용하는 과정이 그랬다. 보좌관도 없고 시의회처럼 보좌 인력이 충분하지도 않은 구의회 현실에서 의원의 원내의정활동을 보다 충실하게 하도록 입법지원 담당 직원의 채용이 필요하다는 것이 나의 생각이었다. 대체로 원내의정활동에 관심이 많은 의원일수록 나의 생각에 적극 동감하는 분위기였다. 하지만 구의회 사무국 행정직 직원들의 반발이 이어졌다. '이제까지 아무 문제 없이(?) 잘 지냈는데 갑자기 무슨 입법지원 직원이 필요하냐', '이곳에 온 지 몇 개월 되지도 않은 전문위원이 뭘 안다고 입법지원 직원 채용을 꺼내냐', '전문위원 비서를 뽑자는 거냐' 등등의 뒷담화와 험한 말들이 쏟아졌다. 입법지원 전담 직원의 역할이나 필요성 등에 대해서 내 설명은 들어보지도 않은 채 구의회 사무국 행정직 공무원들의 말만 들은 일부 구의원들은 나를 불러 점잖게 훈계하기도 했다. 이미 서울시 몇몇 자치구의회에서 시행하고 있고, 더욱이 의원들의 원내의정활동을 지원하는 좋은 제도를 일부 의원들 스스로가 소수 직원들의 의견만 듣고 반대하는 현실이 너무나 답답했다. 지루한 줄다리기 끝에 구의회 사무국 예산에 입법지원 전담 직원 인건비 등이 편성됐으나 의장단과 의회사무국의 반대로 관련 예산은 집행되지 않은 채 결국 불용됐다. 2022년 1월이면 전부개정된 지방자치법에 따라 정책지원 인력이 채용되니 서두를 필요가 없다는 것이 구의회 사무국의 입장이었다. 하지만 의회마인드가 있는 의원들은 그 속내를 알고 있었다. 집행부를 견제하고 비판하는 구의원들에게 힘을 실어줘 봐야 어차피 집행부에 있는 동료, 선후배 공무원들만 피곤해질 테니 차일피일 미루고 싶었다는 걸 말이다.

내가 만 7년 동안 겪은 구의회 사무국은 광역의회와 사뭇 달랐다. 2020년 기준 대한민국의 평균수명이 83.5세이고 백세인생을 노래하는 요즘 시대에 50대 중반만 지나도 일부 구청 공무원들은 벌써 노인행세를 하며 업무는 뒷전인 것 같았다. 그나마 사무관 승진을 염두에 둔 6급 팀장들은 업무 성과를 열심히 관리했다. 하지만 인사권자인 구청장과 멀리 떨어진 구의회 사무국의 팀장과 행정직 전문위원들이 상대적으로 업무에 대한 열의가 적다는 것은 공공연한 비밀이었다. 정년 퇴직까지 기간이 얼마 안 남았던 어느 구의회 행정직 전문위원이 내게 했던 말을 잊을 수가 없다. "이일우 전문위원님, 솔직히 말해서 내가 퇴직을 하면 누구랑 더 술을 마실 수 있을 것 같아요? 의원들과? 그건 아니지. 공무원 동기나 선후배들이지……."

구의회 행정직 전문위원들과 나는 업무를 대하는 관점이 무척 달랐다. 예를 들면 의원이 조례를 발의하고 싶다고 했을 때 집행부 공무원들은 조례 발의가 곤란한 이유부터 설명하려고 했다. 조례가 제정되면 그 조례를 근거로 각종 사업에 대한 소관부서의 법적 책임이나 의무가 수반되기 때문이다. 행정직 전문위원들은 이런 상황에서 부서의 입장을 두둔하거나 아예 뒤로 빠져서 관망하기 일쑤였다. 어차피 개입해서 의원을 두둔하자니 구청의 동료나 후배 직원들로부터 싫은 소리를 들을 것이고 그렇다고 무조건 직원들 입장만 두둔하면 발의한 의원에게 찍힐 것 같으니까. 그런 때면 눈치도 없이(?) 나는 의원 발의의 필요성을 강조했다. 수준이 낮건 높건, 학력이 높건 낮건 구의원도 주민들의 대표로 선출된 사람이므로 발의한 의원의 문제의식을 보완해서 조례 발의를 적극 도우려고 했다.

물론 실적만을 의식해 무책임하게 의원이 조례를 발의하는 '참을 수 없는 조례 발의의 가벼움'같은 상황도 적지 않았다. 발의한 의원이 조례안의 주요 내용도 모른다거나 심사 과정에서 동료의원들의 질의에 아무런 대답도 못 하는 상황이 그것이다. 그럼에도 불구하고 의원과 구의회의 조례안 개정 또는 제정 역할은 계속되어야 한다고 본다. 그것이 바로 지방자치법에서 정한 지방의회의 입법권이고 주민들을 위한 기본적인 역할이기 때문이다.

위와 같이 일하다 보면 나는 당연히 집행부뿐만 아니라 의회

사무국 직원들과 서먹하거나 의견충돌이 벌어지곤 했다. 심지어 집행부 직원들의 주장을 묻지도 따지지도 않고 두둔하는 일부 구의원들이 나를 뒷담화하는 것도 자주 들었다. 그럴 때면 무인도에 혼자 덩그러니 남겨진 심정이었다.

그렇다면 구의회 전문위원은 구체적으로 무슨 일을 할까? 내 경험상 시의회와 달리 구의회 전문위원은 소위 멀티플레이어이다. 전문위원의 정수는 의원 정수와 비례해서 산정되므로 기초의회 전문위원의 정수는 대략 3명에서 6명 내외일 가능성이 높다. 구의회 전문위원은 상임위에 상정된 안건 검토는 기본이고 각종 의원발의 조례안을 입안하거나 초안을 검토해야 하며 의원들의 자료제출 요구나 지역 민원들을 상담해준다. 그런 과정에서 의원들에게 '대나무숲'의 역할을 하기도 한다. 어느 조직이든 리더는 외로운 법이고 구의원 역시 적어도 해당 지역구에서는 거리에서 알아보는 주민들도 많고 깍듯하게 인사하는 공무원들이 있지만 외로운 직업이다. 특히 동료의원들과의 갈등이나 지역사무실 운영 등에 대한 불만은 어디가서 얘기하기도 조심스럽기만 하다. 그럴 때 구의원들은 믿을만한 전문위원에게 넋두리를 한다. 의회사무국의 직원들이 많지만 누구보다도 의원들을 가까이에서 보좌하는 직위가 전문위원이기 때문이다.

「지방자치법」 제68조에서는 "위원회에는 위원장과 위원의 자치입법활동을 지원하기 위하여 의원이 아닌 전문지식을 가진 위원(이하 '전문위원'이라 함)을 둔다. 전문위원은 위원회에서 의안과 청원 등의 심사, 행정사무감사 및 조사, 그 밖의 소관 사항과 관련하여 검토보고 및 관련 자료의 수집·조사·연구를 한다."라고 규정하고 있다.「국회법」 제42조에서도 "위원회에 위원장 및 위원의 입법활동 등을 지원하기 위하여 의원 아닌 전문지식을 가진 위원과 필요한 공무원을 둔다. 위원회에 두는 전문위원과 공무원은 국회사무처법에서 정하는 바에 의한다."라고 규정하고 있다.

의회의 전문위원은 국회, 시의회, 구의회에 이르기까지 의원들의 입법활동을 지원하기 위해 필수적인 직책이다. 넓은 의미에서 의회사무국이 의원들의 의정활동을 위한 포괄적인 보좌관의 의미라면 전문위원은 그 중에서도 가장 직접적으로 보좌관 역할을 수행하는 사람이다. 전문위원은 의회에 상정되는 조례안과 예산안 등 모든 안건을 미리 검토하고 그 결과를 의원들과 공유하며 의원이 발의하는 안건을 함께 고민하고 다듬어 주는 역할을 수행한다. 일을 하려고 작정만 하면 무궁무진한 역할이 있는 게 전문위원이다. 의원들은 각종 행사 참석과 지역구 활동으로 바쁘다. 그러다 보니 안건을 심도있게 검토하기 어려울 때가 많다. 그렇기 때문에 회부된 안건을 다각적으로 검토하고 그 결과를 정리한 전문위원의 검토보고서는 의원들에게 가뭄의 단비와 같은 의미가 있다.

특히 전문위원에게 필요한 요건은 '의회마인드'이다. 의회마인드는 집행부 중심의 사고가 아니라 의회의 관점에서 생각하는 것을 말한다. 대체로 우리나라 기초의회 사무국에 근무하는 전문위원은 집행부 출신이거나 파견 형식의 행정직 공무원일 가능성이 크다. 그런 경우 의회에 몸담고 있으면서도 여전히 자치단체장과 집행부 공무원을 의식한 안건 검토를 하는 경우가 비일비재하다. 어차피 집행부로 돌아갈 거고 그게 아니어도 엊그제까지 함께 일한 선후배 동료들의 행정처분을 비판하는 게 쉽지 않기 때문이기도 하다. 오죽하면 서울시구의회의장협의회에서 임기제 또는 별정직 신분으로 전문위원을 채용하도록 2015년 12월 각 구청과 구의회에 권고했겠는가. 그런 의미에서 의회 전문위원은 의회마인드와 전문성, 자부심으로 사는 것이 아닐까 싶다.

03

구의회에서 만난 사람들

1991년 한국에서 개봉한 영화 〈늑대와 춤을Dances With Wolves〉은 〈시네마천국〉과 함께 내 인생 영화 중 하나이다. 미국 남북전쟁 시기에 홀로 국경지대 요새를 지키게 된 존 J 던바 중위는 평화로운 일상을 보내던 중 인디언 '수우족 부족'과 마주치고 그들의 삶에 매료되어, 백인의 삶을 버리고 인디언 '늑대와 춤을'로 다시 태어난다. 심지어 인디언들의 땅을 정복하기 위해 백인 기병대들이 침략을 준비 중일 때, 존 던바 중위는 인디언들과 함께 백인 기병대들에게 맞서게 된다는 줄거리이다. 배우 케빈 코스트너가 감독 겸 주연으로 활약했다. 나는 요즘도 이 영화의 OST를 찾아 듣는다.

구의회에서 일하다 보니 선출직이라는 말이 무색할 정도로 구의원들이 냉소와 무시의 대상이라는 사실을 깨달았다. 그럴수록 내 관심은 구의원들에게 향했다. 관료 집단의 폐해에 대한 뉴스를 보면 화가 났고 지방의회의 부끄러운 이면을 보여주는 기사를 접할 때면 내 얼굴이 화끈거렸다. 상임위 조례안 심사 과정에서 집행부 간부들과 구의원들 사이에 의견이 갈리면 위법하지 않는 한 나는 의원들의 주장을 두둔하려고 애썼다. 그게 지방의회가 바로 서는 일이라고 믿었다. 기울어진 운동장같은 구의회와 집행부 사이에서 압도적 다수인 공무원들보다 소수자인 구의원들을 돕고 싶었다.

그렇게 의원들과 진심으로 부대끼며 일하다 보니 흐뭇한 기억도 많다. 무엇보다 업무 성과를 인정받아 임기제 6급에서 정년이 보장되는 별정직 6급으로 전환되었고, 다시 임기제 5급 전문위원으로 채용되었다. 나는 도봉구의회로 이직을 앞둔 2020년 6월 서대문구의회 행정복지위원회 마지막 회의 때 소아정신과 의사 서천석이 동화《미운 오리 새끼》를 소개하며 쓴 칼럼의 일부를 인용하면서 다음과 같이 인사말을 했다. "아이들은 현실에서 상처를 받을 때면 자신이 있을 곳이 여기가 아닐지 모른다는 상상을 한다. 그 상상은 아이가 현실을 잠시 버텨낼 수 있는 꿈이다. 지금은 비록 쓸모없는 존재로 취급받지만 분명 내가 필요한 순간이 있을 거야, 생각하며 순간을 버틴다." 고맙게도 행정복지위원회 의원들은 6년간의 서대문구의회 생활을 마치고 새로운 시작을 하는 전문위원을 격려해주기 위해 2020년 7월 초 도봉구의회까지 단체로 방문해 주셨다. 서대문구의회의 여야, 남녀 의원들이 함께 했던 그 날이 내게는 선물같은 하루였다.

이제 와서 돌아보면 좋은 인연으로 기억되는 분들이 적지 않다. 그동안 구의회 전문위원으로 받은 명함만 수백 장이 넘는다. 그 중에서 몇 분만 소개하고 싶다. 여러 가지 사정상 전·현직 구의원을 구체적으로 소개하지 못하는 점에 대해서는 독자 여러분들께 양해를 구하고 싶다.

우선 서대문구의회에서 색소폰을 멋지게 불던 이완범 주임님이 생각난다. 나는 저녁시간보다 오전에 집중이 잘 되는 편이어서 주로 새벽에 출근해서 일했다. 그러다 보니 방호직으로 의회 청사를 지키시던 이완범 주임님과 자주 마주쳤다. 이 주임님은 아침시간이든 점심시간이든 근무에 지장이 없는 범위에서 잠깐씩이라도 색소폰 연주에 열중했다. 나와 만나기 전부터 이미 수년째 색소폰을 다뤘기에 꽤 수준급 연주를 선보이기도 했다. 색소폰을 실제로 눈앞에서 보고 듣고 만져본 적이 없었기에 신기할 따름이었다. 의회에서 심난한 일이 있어도 잠시 쉴 곳이 없을 때면 이완범 주임님의 업무 공간인 구의회 청사 경비실에 가끔 들렀고 그런 나를 흔쾌히 받아주셨다. 이완범 주임님은 2017년 상반기에 정년 퇴임을 했다.

서대문구의회에서 전문위원으로 함께 일했던 조도영 과장님도 빼놓을 수 없다. 내가 7년 동안 구의회에 근무하면서 10명의 행정직 전문위원들과 일했지만 조도영 과장님만큼 나를 전문위원으로 인정해주신 분이 없었기 때문이다. 조 과장님은 서대문구청으로 전입하기 직전까지 서울시의회에서 5년을 근무했다. 그러니 지방의회와 전문위원의 역할에 대해서는 구청 공무원들 누구보다 잘 알고 있었다. 서울시의회의 체계적이고 의회 중심의 운영과 달리 구의회 사무국은 업무분장, 조직, 직원들의 태도 등에 이르기까지 아쉬운 점이 많다고 자주 말씀하셨다. 특히 아무리 구의회와 시의회가 다르다 하더라도 외부채용 전문위원을 뒷담화 하거나 부당하게 음해하는 것에 대해 조과장님은 기꺼이 내 편이 되어 주었다. 독실한 기독교 신자셨고 2019년 6월 정년 퇴임 후 아파트관리사무소장을 하시던 조 과장님은 2021년 9월 안타깝게 영면하셨다. 고인의 명복을 빈다.

끝으로 서대문구의회 입법 법률고문으로 인연을 맺은 김양홍 변호사님을 소개하고 싶다. 군법무관으로 전역하시고 현재 법무법인 서호의 대표 변호사이다. 김양홍 변호사님은 남을 배려하는 것이 몸에 밴 분이시다. 변호사로서의 능력도 출중하시겠지만, 이분의 남다른 점은 본인이 정기적으로 책을 출간한다는 점이다. 평소 겪은 소소한 일상부터 인상깊은 책의 구절이나 말씀 등을 기록해 두셨다가 일년에 한 권씩 출간하신다. 어지간한 자기관리 습관이 아니면 여간 힘든 일이 아닐텐데, 배울 점이 많은

분이시다. 한번은 신간 서적을 들고 변호사님이 서대문구의회를 방문한 적도 있었다. 의장님과 나를 만나 책을 증정하고 싶어 일부러 오셨다고 했다. 김양홍 변호사님의 사업이 번창하고 영육간에 건강하시길 기도드린다.

2장

구의회,
그것이 알고 싶다

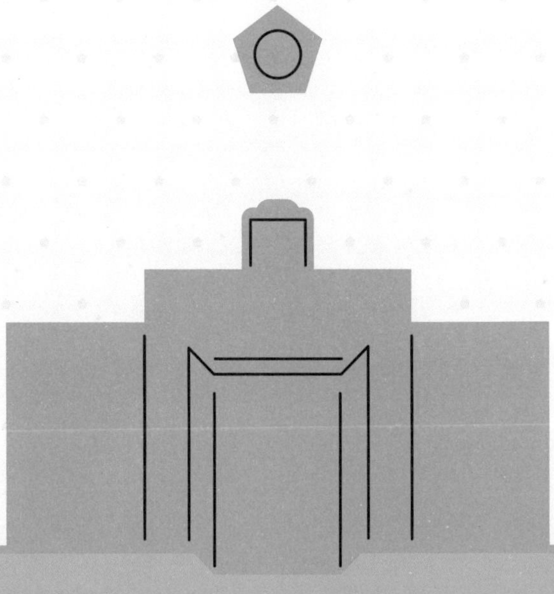

01

구의회가 뭐 하는 곳이에요?

“엄마, 나 이번에 서대문구의회로 옮기게 됐어요.”

“구의회? 그게 뭐 하는 데냐?”

“예, 서대문구에 있는 의회인데요…….”

2015년 3월 권익위에서 서대문구의회로 이직하면서 처음으로 어머니와 나눈 대화의 일부이다. 어머니는 대전시 중구에서 수십 년을 사셨는데도 대전시장과 중구청장의 이름만 기억하셨다. 대전시의회 의장이나 중구의회 의장은커녕 지역구 구의원의 이름조차 모르셨다. 올해 70대 중반의 연세이고 여전히 직장생활을 하시는 어머니인데 큰아들 때문에 구의회의 존재를 처음으로 아신 셈이다. 2021년이 지방의회 부활 30주년이라는데 참 머쓱하지 않을 수 없다. 글쎄, 다른 지역, 다른 주민들도 내 어머니처럼 사정은 비슷하지 않을까?

'구의회', '지방의회'는 도대체 뭐 하는 곳일까? 한마디로 국회가 '국가의 의회'라면, 지방의회는 '지방자치단체의 의회'이다. 국회는 '국민'이 선출한 대표들로 구성되고, 지방의회는 지역 '주민'이 선출한 대표들로 구성된다. 사회가 복잡해지고 인구가 늘어나면서 국가나 지역의 중요한 의사결정을 개개인이 매번 직접 하기 어려우므로 주민의 의사를 대변해줄 대표가 필요하기 마련이다. 국회와 지방의회는 이러한 간접민주정치 방식의 대의제 원리에 의한 대표로 구성된 공통점을 가지고 있다. 이렇듯 국회와 지방의회는 형과 아우처럼 집행기관과의 관계, 회의장의 구조 및 시설, 회의운영 방식, 의사진행 요령, 안건처리 절차 등에서 공통점이 많다.[2]

대한민국헌법 제118조제1항은 "지방자치단체에 의회를 둔다."라고 규정하고, 지방자치법 제37조는 "지방자치단체에 주민의 대의기관인 의회를 둔다."라고 규정하고 있다. 여기서 지방자치단체란 '서울, 대전, 대구, 부산 찍고……'라는 노래 가사처럼 우리가 익히 알고 있는 도시들이다.

지방자치단체는 지방의회와 집행기관으로 구성된다. 지방의회는 지방자치단체의 규모에 따라 광역의회와 기초의회로 나눌 수 있다. 서울시의회, 부산시의회, 대구시의회, 광주시의회, 대전시의회, 충남도의회, 경북도의회처럼 광역자치단체인 특별시·광역시·도의 의회를 광역의회라 하고, 자치구나 시·군처럼 기초자치단체의 의회를 기초의회라 한다. 서울시 도봉구를 예로 들면, 도봉구청은 집행기관 또는 집행부이고 도봉구의회는 기초의회 또는 지방의회 등으로 불린다.

앞서 설명한 대로 지방의회는 국회와 닮은 점이 많다. 의장·부의장(시·도 2명, 시·군·구 1명)을 선거로 선출(임기 2년)하고 상임위원회 및 특별위원회를 설치·운영한다. 국회가 법률안이나 국가 예산안을 주로 심사한다면, 지방의회는 조례안, 예산안, 결산 등 주요 안건 심사를 통해 지방자치단체의 주요 정책 및 방침을 결정한다. 예산안 심의·확정, 결산 승인, 기금 설치·운용, 중요 재산의 취득·처분, 공공시설의 설치·처분 등을 통해 지방재정을 통제한다. 국회가 국정감사를 수행한다면 지방의회는 행정사무 감사와 조사로 집행기관 견제 등의 기능을 수행한다.

특히 1991년 개원 이후 지난 삼십 년간 지방의회는 양적으로 크게 성장했다. 전국 17개 광역의회가 심의하는 지방정부 예산은 2020년 기준 172조 7,000억 원에 달한다. 광역의원 829명이 1인당 평균 2,090억 원을 심의한다. 서울시의회는 의원 1인당 심의 금액이 3,594억 원이나 된다.[3]

시장, 군수, 구청장 같은 지방자치단체의 장은 지방자치단체를 대표하고 지방자치단체 사무를 집행한다. 지방자치단체장은 지방자치단체의 사무를 총괄, 국가위임 사무의 관리·집행을 하며, 소속 직원의 임면·교육훈련·복무·징계하고 지휘·감독한다. 또한 법령이나 조례가 위임한 범위에서 그 권한에 속하는 사무에 관하여 규칙 제정 권한이 있다. 지방자치단체장을 보조할 부단체장 임명(제청) 및 대통령령이 정하는 바에 따라 조례로 직속기관, 사업소, 출장소 설치가 가능하다. 한편 시·도에 교육·학예에 관한 별도의 집행기관으로 교육감이 있다.

지방의회는 지방자치단체의 정책을 의결하지만 지방자치단체장의 집행에는 관여하지 못한다. 지방자치단체장은 지방의회가 의결한 정책을 집행하지만 지방의회의 의결에는 관여하지 못한다. 기관 상호 간 견제와 균형을 기본원리로 하여 서로 독립관계를 유지하면서 상호 보완하며 통제하고 있다.[4]

한편 대한민국의 지방자치단체에는 17개 특별시·광역시·특별자치시·도·특별자치도와 226개의 시·군·자치구가 있다. 2012년 출범한 세종특별자치시, 2006년 출범한 제주특별자치도 등을 비롯해 각 지방자치단체에는 주민들의 대의기관인 지방의회가 있다. 특히 2020년 12월 9일, 인구 100만 명 이상 대도시에 '특례시'라는 명칭을 부여하는 내용을 담은 '지방자치법 전부 개정안'이 국회를 통과하면서 '특례시'의 근거가 마련됐다. 지방자치법

전부개정안은 2021년 1월 12일 공포됐고, '공포 후 1년이 지난날부터 시행한다'는 부칙에 따라 올해 1월 13일 수원시, 고양시, 용인시, 창원시 등 4개 '특례시'가 출범했다.

지방자치단체는 주민의 복지 증진, 지역개발, 교육·문화·체육·예술의 진흥, 지역민방위 및 소방, 구역·조직·행정관리 등의 사무를 처리한다. 시·도는 종합계획 수립·조정·지도 등을 수행하고 시·군·자치구는 세부 시행계획의 수립·집행 등을 수행한다. 즉 국가는 외교, 국방, 사법 등 국가의 존립에 필요한 사무와 물가정책, 금융정책 등 통일적이고 전국적 규모의 사무를 처리하는 반면, 지방자치단체의 장은 그 지방자치단체의 사무와 법령에 따라 위임된 사무를 관리하고 집행한다. 주민들에게 도움이 되는 구청 및 구의회의 역할 등에 대한 내용은 3장에서 자세히 다루기로 한다.

2022년 4월 서울시의회로 이직하기 전까지, 구의회에서 근무한 지 벌써 7년이나 지났는데도 어머니는 여전히 큰아들의 직장을 서울시의회로 알고 계셨다. 그만큼 주민들에게 구의회의 존재감이 미미하기 때문일까? 아무리 등잔 밑이 어두운 법이라지만 나부터 구의회의 존재를 알리는 데 좀 더 분발하자고 다짐해 본다.

02

구의회는 언제부터 생겼어요?

그렇다면 우리나라 지방의회는 언제부터 생겼을까? 지방의회의 연원은 최민수의 「지방의회운영」의 내용[5]을 참고하여 요약정리하였다. 현재의 지방의회와 비슷한 성격은 아니지만 조선시대의 지방행정에서도 대의제는 존재하였다. 이러한 대의제는 부분적이긴 하였지만 조선시대 백성의 의견을 지방행정에 반영하기 위한 노력이었다는 점에서 의미가 크다. 그러면 조선왕조 때부터 시대별로 살펴보기로 하겠다.

조선시대의 향청은 행정기관의 일부로 고려시대의 유향소를 발전시킨 것이다. 향청은 기관장인 좌수座首와 좌수를 보좌하는 별감(또는 향임)으로 구성되어 있었다. 좌수는 주민의 선거로써 추대를 받아 덕망이 높고 나이가 많은 사람을 수령守令이 임명하였다. 임기는 2년을 원칙으로 하고 좌수와 별감은 명예직이었으며 다만 수령이 경질되면 다시 개선할 수도 있었다. 지방의회의 역할로서 향청의 임무는 수령이 조세와 부역 등 백성의 이해관계 사항 집행시 자문을 하는데 있었다. 향청의 구성은 민선제와 명예직제로 되어 있었으며 백성 즉, 지방주민을 대표하는 기관이긴 했으나 현재의 지방의회와 동일하다고는 볼 수 없다.

지방주민이 해당 지방행정단위에서 공식적으로 공공사무에 참여할 수 있는 것은 갑오경장 이후 1895년 11월에 향회 규정과 향약별무규정이 제정·공포되어 향회제도를 운영할 수 있었기 때문이다. 이는 군과 면·리에 각각 군회·면회·리회를 두는 제도였다. 향리제도를 통하여 각 지역의 공공적 성격을 가진 의결 사항을 처리하였다. 향회는 공선인 등으로 구성되었는데, 이들은 각 지역 단위에서 주민이 선출하였다. 향회 의결 사항은 교육, 납세, 제반 세목, 지적, 호적 등 다양한 사항이었다. 현재의 지방의회와 당시 향회의 구성과 역할은 비슷하다고 할 수 있다.

1910년 한일합방 이후 일제강점기에는 형식상으로 지금의 지방자치와 유사한 제도가 많이 도입되었다. 하지만 식민통치라는 목적성을 내포한 제도라는 데 한계가 있다. 그럼에도 불구하고 일제강점기 시기 조직된 지방제도는 우리나라 지방자치의 모습을 지금과 같이 구성하는 데 일조하였다. 도회道會, 부회府會, 읍회邑會

가 현재의 의회 역할을 수행하였다.

1933년 4월 1일 도제道制가 시작되면서 집행기관인 도道에 대응하는 의결기구인 도회道會가 구성되었다. 조선총독이 도회 의원 정수를 정하도록 했으며, 이는 도에 따라 20인 이상 50인 이하로 하였고. 당시 13개 도의 의원 총수는 422명이었다. 도회 의원은 명예직으로서 임기는 4년이었다. 도회의 의장인 도지사가 의원 정원의 1/3을 임명하고, 부·읍회府邑會의원과 면面협회 회원들이 2/3를 직접 선출하였다. 도회는 도세, 부역현품·사용료·수수료, 기채, 예산 외의 의무부담 또는 권리포기 등 세입·세출예산, 결산, 법령에 규정된 것을 제외한 중요사항에 관한 의결권을 행사할 수 있었다. 다시 말하면 조례 제정권은 갖지 못했다. 그러나 도지사는 도회 의장을 겸직하면서 도회 의원의 1/3을 임명하고, 재의요구권, 의결취소권, 전결처분권, 정지명령권 등 도회를 통제할 수 있는 막강한 권한을 가지고 있었다. 따라서 도회는 도지사의 의도대로 운영되었다.

1913년에 도입된 부제府制는 현재의 시市와 같은 행정구역으로 볼 수 있다. 1930년에 법인격과 자치능력이 부府에 부여되면서 의결기관인 부회府會가 설치되었다. 부회의 의원 정수는 부의 인구수에 따라 정해졌다. 그 지역 주민의 직접선거를 통해 의원은 임기 4년의 명예직으로 선출되었다. 부회는 부세, 부역현품·사용료·수수료, 기채 등 조례, 예산, 결산, 법령에 규정된 것을 제외한 사항들에 대한 의결권을 가지고 있었다. 그러나 부회가 가진 이러한 권한들은 실제로 의결권을 행사하는 데에 통제와 제약이 따랐으며, 형식적으로 운영되었다.

읍과 면을 분리시키고 자치능력을 인정하였던 읍면제邑面制가 1931년 지방제도의 개정으로 시행되었다. 읍회는 읍에서 민선의 결기관의 역할을 하였다. 면에서는 민선에 의해 구성되는 자문기구인 면협의회제도를 존속시켰다. 읍회의 의원 정수는 읍의 인구수에 따라 결정되었다. 의원은 임기 4년의 명예직으로 그 지역주민의 직접 선거를 통해 선출되었다. 읍회의 의결권과 부회의 의결권은 거의 동일하였다.

대한민국 정부수립 이후 1949년에 「지방자치법」이 제정·공포됨으로써 오늘날의 지방자치제도가 실시되었고, 대의민주제 원리에 기반한 지방의회가 구성·시행되었다.

제1대 지방의회(1952~1955)는 1952년 4월 시·읍·면의회 의원선거와 5월 도의회 의원 선거가 각각 실시됨으로써 구성이 되었다. 1956년 제2대 지방의회(1956~1960)부터 서울시, 강원도, 경기도 의원이 선출되었다. 제1대 지방의회 집행기관 사이에는 엄격한 기관분립주의를 적용하였다. 한편 지방의회 권한은 현행 지방의회와 유사하였으나 특이한 것은 지방의회에 지방자치단체장에 대한 불신임권을 부여하였고, 단체장에게는 의회해산권을 주었다는 점이다. 또한 시·읍·면의회에서는 시·읍·면장을 선출할 수 있는 권한을 부여하였다. 그러나 도지사와 특별시장은 임명제를 통해 운영되었다. 제2대 지방의회는 1956년 8월 지방의원 선거가 실시되어 구성되었다. 제3대 지방의회(1960~1961)는 1960년 12월에 지방의원 선거가 실시되어 운영되었다가 1961년 5·16 군사쿠데타로 해산되었다.

제4대 지방의회(1991~1995)는 이후 30년 만에 부활되어 1991년 3월 26일에 실시된 시·군·구의회 의원 선거와 동년 6월 20일에 실시된 시·도의회 의원 선거를 통해 구성되있다. 그리고 제5대 지방의회(1995~1998)는 1995년 7월에 구성됐으며, 그 후 4년마다 선거를 통해 지방의회가 계속 구성·운영되고 있다.

제주도의회는 1952년 5월 10일 초대 도의원 선거, 1952년 5월 20일 초대 도의회 개원 이후 2021년 12월 현재 제11대 의회 임기 중이다. 서울시의회는 1956년 9월 제1대 의회(1956년 9월 5일~1960년 8월 12일)를 개원하였고 2021년 12월 기준 제10대 의회(2018년 7월 1일~2022년 6월 30일) 임기 중이다. 도봉구의회, 서대문구의회 등 서울시 자치구의회는 1991년 4월 제1대 의회(1991년 4월 15일~1995년 6월 30일)가 구성되어, 2021년 12월 기준 제8대 의회(2018년 7월 1일~2022년 6월 30일) 임기 중이다. 제1대 세종특별자치시의회 임기는 2012년 7월 1일부터 2014년 6월 30일까지이다.

우리나라는 1991년 기초의원 선거가 3월 26일 먼저 실시됐고 시·도의원을 뽑는 광역의원 선거는 6월 20일 실시됐다. 시·도지사와 시장·군수·구청장을 직접 뽑는 선거는 지방의회 개원 4년 후인 1995년 6월 진행됐다. 요즘은 주민들이 구청장의 이름이나 얼굴을 많이 알지만, 실은 구청장보다 구의회가 4살이나 형님인 셈이다. 우리나라의 지방자치는 지방의회를 통해서 부활했다는 말이 괜히 나온 게 아니다.

03

구의회랑 서울시의회, 국회는 뭐가 달라요?

서울대 환경대학원 전상인 교수의 《편의점 사회학》은 편의점의 개념과 역사에서부터 소비주의 사회의 첨병으로서의 편의점, 합리주의의 화신의 편의점, 글로컬리제이션의 현장으로서 편의점, 신종 도시 인프라로서의 편의점, 사회 양극화와 공존하는 편의점의 실체를 낱낱이 해부한다. 이 책은 편의점을 현대 한국 사회의 축소판이자 도시 생활의 단면으로 간주하여 편의점을 알면 우리 사회가 보이고 읽힐 것이라는 생각으로 출발한다.

프롤로그에서 밝혔듯이 나는 인력과 예산 규모, 권한 등의 측면에서 국회를 대형백화점에, 서울시의회나 경기도의회 같은 광역의회는 대형마트로, 구의회와 같은 기초의회는 동네에 있는 편의점에 비유하곤 한다. 저마다 고유한 기능과 차별성이 있지 않은가? 명품 등 일부 품목을 제외하면 편의점에도 있을 건 다 있다. 명품을 판매하는 백화점이나 대규모 할인세일을 하는 대형마트 못지않게 주민들에게는 동네 이곳저곳에 있는 편의점이 좀 더 친근하고 유용할 수 있다. 편의점에서 다양하고 질이 좋으며 가격이 저렴한 상품을 판매할 뿐 아니라 서비스까지 좋다면 당연히 환영할 일이 아닌가? 그런데 우리는 편의점만큼도 구의회에 관심이 없는 것 같다. 생활밀착형 행정서비스가 구청과 구의회의 주요 업무인데 말이다. 그래서 나는 주민들에게 국회의원 선거나 대통령 선거보다 지방자치단체의 장과 지방의원을 선출하는 지방선거가 중요하다고 강조하고 싶다. 편의점이 아무렇게나 난립하거나 기본적인 기능이 소홀해지면 불편을 겪는 건 주민들이기 때문이다.

대한민국 헌법에 국회는 국민을 대표하는 의원들로 구성된 합의제 대의기관이며, 지방의회는 지역 주민을 대표하는 의원들로 구성된 합의제 대의기관으로 규정하고 있다. 따라서 이 두 합의제 대의기관은 여러 가지 면에서 역할과 기능의 공통점을 가지고 있다. 특히 국회의 의정활동과 지방의회의 의정활동은 헌법의 근거에 의해 제정된 공직자선거법에 따라 민주적 절차에 의한 선거로 선출된 의원으로 구성되고 집행기관과 대등한 독립적 지위에 있는 대의기관이라는 부분에서 매우 유사한 특성을 가지고 있다.[6]

한편 기초의회와 광역의회는 기본적인 구조와 권한은 동일하며, 기초의원과 광역의원도 권한상의 차이점은 거의 없다. 다만 광역지방자치단체이냐 기초지방자치단체이냐에 따른 차이이며, 의회사무기구의 명칭과 규모가 광역의회에서는 의회사무처이고 기초의회에서는 의회사무국 또는 의회사무과이다.[7]

국회, 시의회, 구의회의 차이를 이해하려면 우선 서울시와 자치구의 업무상 차이를 이해하는 것이 순서다.

행정안전부의《지방의원 의정활동 안내서》에 따르면, 지방자치단체는 국가로부터 완전히 분리되어 생각될 수 없고 전체 국가를 이루는 한 구성 부분으로 파악해야 한다. 국가는 법 제정을 통해 지방자치제도를 구체화하고, 감독 활동을 하며, 지방자치의 원활한 수행을 보장할 필요가 있다. 지방자치단체는 지방자치의 원활한 수행을 위해 국가로부터의 독립성과 자율성이 필요하다.

이를 좀 더 자세히 살펴보면 중앙정부는 각종 법령 제·개정을 통해 지방자치단체의 업무 수행과 관련한 근거, 한계, 업무 수행 절차 등을 설정하고 지도·감독을 통해 관여한다. 지방자치단체는 이러한 '법령의 범위에서' 조례를 제정한다. 지방자치단체장이 위임받아 처리하는 국가 사무에 대해 시·도는 주무부장관, 시·군·구는 시·도지사(1차), 주무부장관(2차)의 지도·감독·감사를 받는다. 자치사무에 대해서는 법령위반사항에 한정하여 시·

도는 행정안전부장관, 시·군·구는 행정안전부장관 및 시·도지사가 감사한다.

「지방자치법」 제2조에 따르면 지방자치단체의 종류는 '특별시, 광역시, 특별자치시, 도, 특별자치도'와 시, 군, 구 등 두 가지가 있다. 같은 법 제14조제1항에 따르면 지방자치단체의 사무를 지방자치단체의 종류별로 배분하는 기준은 시·도의 경우 ① 행정처리 결과가 2개 이상의 시·군 및 자치구에 미치는 광역적 사무, ② 시·도 단위로 동일한 기준에 따라 처리되어야 할 성질의 사무, ③ 지역적 특성을 살리면서 시·도 단위로 통일성을 유지할 필요가 있는 사무, ④ 국가와 시·군 및 자치구 사이의 연락·조정 등의 사무, ⑤ 시·군 및 자치구가 독자적으로 처리하기 어려운 사무, ⑥ 2개 이상의 시·군 및 자치구가 공동으로 설치하는 것이 적당하다고 인정되는 규모의 시설을 설치하고 관리하는 사무 등이다. 시·군 및 자치구의 사무는 시·도가 처리하는 것으로 되어 있는 사무를 제외한 사무이다.

같은 법 제15조에 따르면 지방자치단체는 다음과 같은 국가사무를 처리할 수 없다. ① 외교, 국방, 사법司法, 국세 등 국가의 존립에 필요한 사무, ② 물가정책, 금융정책, 수출입정책 등 전국적으로 통일적 처리를 할 필요가 있는 사무, ③ 농산물·임산물·축산물·수산물 및 양곡의 수급 조절과 수출입 등 전국적 규모의 사무, ④ 국가종합경제개발계획, 국가하천, 국유림, 국토종합개발계획, 지정항만, 고속국도·일반국도, 국립공원 등 전국적 규모나 이와 비슷한 규모의 사무, ⑤ 근로기준, 측량단위 등 전국적으로 기준을 통일하고 조정하여야 할 필요가 있는 사무, ⑥ 우편, 철도 등 전국적 규모나 이와 비슷한 규모의 사무, ⑦ 고도의 기술이 필요한 검사·시험·연구, 항공관리, 기상행정, 원자력개발 등 지방자치단체의 기술과 재정 능력으로 감당하기 어려운 사무 등이 그것이다.

끝으로 국회 홈페이지에서 국회의 역할과 권한을 보면 헌법개정안 제안·의결권, 법률 제정·개정권, 조약 체결·비준동의권, 예산안 심의, 결산심사, 기금심사권, 재정입법권, 국정감사·조사권, 헌법기관 구성권, 탄핵소추권 등이 있다.

04

다른 선진국에도 구의회가 있나요?

전 세계적으로 많은 국가에서 지방자치제도가 존재하고 있지만 자치 정부 구조상 지방정부 장을 주민이 직접 선출하지 않는 나라도 다수이다. 그러나 주민이 직접 선출한 지방의회 의원으로 이루어진 지방의회가 없는 지방정부는 없다. 지방정치 영역에서 이와 같은 지방의회는 필수적인 기관이며 중요한 역할을 한다. 국회의원이 국가 단위에서 국민의 의사를 대변하는 것처럼, 지방의원이 지방 단위에서 그 지역 주민의 의사를 대변하고 민의를 수렴하여 반영하는 것은 대의민주주의의 핵심이다. 국가 권력이 국민으로부터 나오는 것처럼, 지방 권력은 지역 주민으로부터 나온다.[8]

그렇다면 다른 선진국의 의회는 어떠할까? 김태영의 「자치분권 추진과 지방의회의 위상과 역할에 관한 탐색적 연구: 기관 구성 형태에 관한 논의」를 참고하여 요약정리하였다. 첫째로 근대 민주주의가 시작된 영국의 사례를 소개하고자 한다.[9] 영국의 근대 민주주의는 왕권을 약화시키고, 국민주권을 강화하고자 하는 것을 중요한 가치로 삼았다. 이러한 이유로 국민주권 수호 제도로 대의민주주의가 등장하게 된다. 현재까지 이어지는 영국의 대의민주주의는 행정과 정치가 접하는 지점에서 분명하게 확인된다. 의회가 정부를 장악하고 있다. 의원내각제는 중앙정부를 대신하여 국회가 정책결정과 집행을 관리하고 책임을 지는 제도이다. 이는 대의민주주의 전통을 따르는 것이다. 지방의회는 지방정부를 관리하고, 모든 결정과 책임은 지방의회가 지게 되는 전통은 오늘날까지도 이어지고 있다. 의회가 주로 역할을 수행하기 때문에 대체로 시청이 존재하지 않는다. 집행부와 평가 부가 지방의회 내에 함께 설치되어 있으며, 공공부문 종사자라고 하는 일종의 공무원만이 지방정부에 남아 있다. 따라서 영국의 공무원 수를 조사할 때 지방정부에 속하는 인원은 공무원이 아닌 공공부문 종사자로 분류된다.

영국의 사례에서 보면, 지방의원이 단체장을 겸직하며 의사결정과 집행까지도 지방의회의 관련 위원회가 대체로 담당하고 있다. 그래서 지방의원을 보좌하는 별도의 전문 인력 자체는 불필요하며 공공부문 종사자인 지방공무원을 보좌인력으로 볼 수 있다. 다만 지방의원을 보좌하는 비서 인력은 별도로 확보된다. 즉 지방의회를 중심으로 하는 온전한 기관 통합형의 형태를 취한다. 최근 단체장을 직접 선출한 경우도 몇 번 있었으나 호응을 크게 받지 못하는 상황이다. 지방의회가 소규모일 때 오히려 더욱더 강한 기관 통합형의 형태를 취하는 것이 특징이다. 이러한 경우는 의원 몇 명이 집단지도체제를 구성하고 지방행정을 운영하는 모습인데, 우리나라의 시·군·구에서 특별히 참고할 사항이다.

둘째로 미국의 사례를 보면, 지방정부 형태가 매우 다양하지만 의회 중심의 집행기관 운영방식을 취하고 있다. 의회-시장 형태의 기관분립형은 의결기관과 집행기관이 서로 분리되어 상호 견제와 균형을 취하는 모습이다. 의회와 시장 중심의 집행부 사이에 조직 운영의 독자성 즉, 각 기관의 인사권 독립 등이 보장되어 있다. 의회-시 전문경영인 형태는 일반적으로 시장이 아닌 시 전문경영인이 집행기관에 대한 인사권이나 조직 운영권을 확보한다. 하지만 시장은 이러한 권한을 가진 시 전문경영인을 의회에서 선임 또는 해임할 시 의장으로서 참여하여 직접적인 영향력을 행사할 수 있다.

정부기관 구성 형태는 이처럼 다양하지만 대체로 모든 지방정부가 의회를 중심으로 하는 집행기관 운영방식을 채택하고 있다. 실제 미국 지방의회 의정활동에 대한 지원 제도를 보면 지방의회에서 시의회의 사무기구를 총괄하는 의회사무국장을 선출하거나 의장이 임명한다. 일반적으로 의회사무기구의 직원에 대한 인사권도 사무국장을 통해 이루어지지만 이에 대하여 의회의 승인이나 동의를 받아야 최종적으로 지방의회에 귀속된다.[10] 2018년 현재 전체 도시 중에서 약 10% 정도가 위원회 형태를 채택하고 있다. 강한 의회-약한 시장 형태는 약 50%를 상회하고, 강한 시장-약한 의회 형태는 약 40%를 상회하는 것으로 조사되었다.[11]

셋째로 프랑스 역시 지방의회 의장이 일반적으로 단체장을 겸하기 때문에 의회 중심 기관 통합형으로 볼 수 있다. 프랑스는 1982년 지방분권 관련 개혁을 통해 중앙정부와 지방정부의 관계를 수직적 관계에서 대등한 수평적 관계로 변화시켰다. 또한 지방의회 중심 기관 통합형인 지방의회가 집행부를 겸하는 방식을 유지하고 있다. 2003년부터 시작된 제2차 개혁은 프랑스 자체를 분권 국가로 인식하고 헌법에 명기하자는 것을 핵심으로 삼았다. 이는 지방이 존재해야 중앙도 존재한다는 철학의 등장과 함께 자치분권을 가속화하였다. 이때쯤 보충성의 원칙이 확인되었고, 이는 프랑스가 지방분권 국가라는 점을 확인시켜주는 획기적인 사건으로 이해되었다.

우리는 프랑스의 사례에서 국가 운영의 기본 틀을 중앙에서 지방으로 이전했다는 시사점을 얻을 수 있다. 보충성의 원칙은 이런 의미에서 상징적이다. 지방의회 의장이 집행부 수장을 겸한다는 것이 가장 눈에 띈다. 지방의회는 책임을 갖게 되고, 아래로부터의 변화와 혁신이 요구되는 상황이다. 기관 통합형의 유형과 관련해서 보면, 프랑스의 경우는 단체장의 권한을 일정 부분 보장하는 형태의 지방의회 중심 기관 통합형으로 이해할 수 있다. 다만 영국의 사례와 비교하면 단체장으로서 의원이 가지는 위상이 향상된다는 점이다.[12]

05

왜 구의회가 필요한가요?

아내가 한때 아파트 동대표를 한 적이 있다. 임기 2년씩 세 번을 연임하다 다른 아파트로 이사를 하는 바람에 동대표를 그만두었다. 당시 아내는 '3선 동대표'랑 사는 게 영광인 줄 알라면서 나를 자주 웃겼다. 각 동의 동대표와 감사 등이 모여서 아파트의 관리를 논의하고 결정하는 법적 기구가 입주자대표회의(이하 '입대위'라 함)이다. 이를 지방자치제도에 비유하면 관리사무소는 집행부로, 입대위는 의회로 이해해도 좋겠다. 그동안 다선 동대표인 아내의 어깨너머로 보고 들은 바로는 입대위에도 정치가 있었다.

아내가 동대표로서 고민했던 몇 가지 사안이 있다. 인근 주택 재건축 공사로 인한 피해 보상 요구, 경비원 처우 개선, 단지 내

전기자동차 충전소 추가 설치 등등이 그것이다. 입대위에서 각 사안마다 찬반으로 의견이 나뉘었다. 아내는 입대위 간부들을 개별적으로 만나 이해를 구하기도 했다. 시간이 지나 아내의 생각대로 관철된 사안도 있고 조금 못 미친 사안도 있었다. 흥미로운 점은 위와 같은 사안들이 모두 구청과 관계가 있는 업무라는 것. 구청과 관련이 있다면 당연히 구의회와 직접 연관된 사안이기도 하다. 물론 아내가 구의회의 도움을 받아 위 사안을 해결했던 것은 아니다. 개인 간의 분쟁 성격이 짙은 공사 피해 건을 제외하면 나머지 사안을 구의회의 권한을 활용해 구청과 예산편성, 제도개선 등을 도모할 수도 있었다는 의미이다.

이처럼 구청과 구의회의 업무는 의외로 주민들 가까이에 있다. 구의원들이 평소 상담하는 민원만 봐도 이를 쉽게 알 수 있다. 가로수가 너무 풍성해 상가 간판을 가리니 조치해달라는 민원부터 기초생활수급자로 지정해 달라거나 전봇대에 거미줄처럼 얽힌 공중케이블(전선·통신선)을 정비해 달라는 민원까지 다양하다. 기초자치단체인 구청의 업무는 이처럼 생활밀착형이다. 국방, 외교, 통일, 안보 등과 같은 국가적 어젠다에 비하면 단순하고 소소해 보일 수 있다. 하지만 국회에서 논의되는 소위 거대 담론이나 정치적 공방보다 구청의 업무가 주민들에게는 훨씬 실용적일 수 있다. 이런 구청의 업무는 예산을 심사하고 행정을 감시하며 주요 사업의 법적 근거인 조례를 제·개정하는 권한을 가진 구의회와 당연히 직접 연관되어 있다.

그러나 지방의회에 대한 주민들의 만족도는 여전히 낮다. 한국지방행정연구원이 2021년 3월 11일 발표한 여론조사 결과에 따르면 지방의회 의원의 의정활동에 대한 국민 만족도는 13%에 불과했다. '불만족한다'는 응답률은 '만족한다'에 비해 세 배가량 높은 38.5%로 나타났다. 지방의회는 '우리 동네의 국회'다. 시·도, 시·군·구 집행부의 각종 정책을 감시하고 예산 심의 의결권을 행사하며 주민의 삶과 밀접한 조례안을 만든다. 지방의회가 이처럼 중요한 일을 하지만 중앙에 집중된 권한과 관심으로 주목도는 높지 않은 편이다.[13]

왜 그런까? 여러 가지 이유가 있겠지만, 나는 우리나라 국민들의 의식 속에 오랫동안 자리잡힌 중앙집권적 문화의 영향이 적지 않다고 생각한다. 그 근거는 의외로 간단하다. 대체로 국민들은 구의원(또는 군의원)보다는 시의원(또는 도의원), 시의원(또는 군의원)보다는 구청장(또는 군수), 구청장(또는 군수)보다는 국회의원을, 국회의원 보다는 장관 또는 대통령이 되는 것을 가문의 영광(?)처럼 여기지 않는가? 투표로 뽑는 선출직이 대통령부터 구의원까지 서열화 되어 있는 셈이다. 선출직 계층의 가장 아래에 구의원(또는 군의원)이 있는 것. 지방보다 중앙에, 의회보다 집행부의 장을 훨씬 높게 쳐준다. 솔직히 고백하자면 구의회에서 근무하기 전까지는 나도 그랬다.

지역언론을 제외하면 주요 중앙언론에서는 청와대나 국회 관련 소식을 주로 다룬다. 가끔 서울시나 서울시의회 정도가 소개될 정도. 이처럼 국회의원이나 대통령을 성공의 대명사로 통칭하는 문화 속에서 만일 당신의 자녀가 이다음에 커서 구의원, 시의원이 될 거야라는 말을 할 때 흔쾌히 맞장구를 치는 부모가 과연 얼마나 있을까? 그런 자녀의 말을 듣는 순간, 부모는 펄쩍 뛰면서 아예 정치에 발을 들이지 말라고 할 수도 있겠고, 이왕이면 큰 꿈을 꾸라며 국회의원을 하라고 자녀를 점잖게 타이를지도 모르겠다. 그것도 아니라면 그동안 기초의원 선거에서 정당보다 후보자의 면면을 꼼꼼히 살펴보고 투표한 적이 과연 얼마나 있었는지 묻고 싶다. 내 일상생활에 크고 작은 영향을 끼치는 기초의회 의원 선거가 대다수 국민들에게 마치 천덕꾸러기 취급을 받은 것은 아닌지 안타까울 따름이다. 구의회는 결코 계륵鷄肋이 아니다. 계륵은 닭의 갈비뼈라는 뜻으로, 큰 쓸모나 이익은 없으나 버리기는 아까운 사물 또는 이러지도 저러지도 못하는 난처한 상황을 비유하는 말이다. 혹시 구의회를 계륵처럼 규정해야 이익을 보는 집단이 있는 것 아닌지 따져보고 싶을 정도다. 그렇다면 작은 단위의 지방자치, 지방의회가 소중한 이유는 무엇일까?

1973년 영국의 경제학자 에른스트 슈마허E. F. Schumacher가 발표해 사회적으로 큰 반향을 일으켰던《작은 것이 아름답다》를 읽고 중소기업, 지방분권, 소박함과 같이 작고 느린 것들의 가치를 생각해본 적이 있다. 슈마허는 큰 경제가 아닌, 작은 경제도 충분히 아름다울 수 있다고 주장한다. 대량생산과 대량소비의 경제가 아닌, 사람을 중시하고 자연 생태계를 존중하는 경제를 제안한다.

《감옥으로부터의 사색》의 저자인 故 신영복 교수는 일찍이 주변부, 변방의 의미를 다음과 같이 통찰했다. "인류 문명의 역사는 언제나 변방이 새로운 역사의 중심이 되어 왔다. 오리엔트의 변방인 그리스·로마, 그리스·로마의 변방인 합스부르크와 비잔틴, 근대사의 시작이 된 네덜란드와 영국, 그리고 영국의 식민지 미국에 이르기까지 인류 문명은 그 중심지가 부단히 변방으로 변방으로 이동해 간 역사이다. 역사에 사표가 된 인물들 역시 변방의 삶을 살았다. 마하트마 간디의 삶이 그러했고, 공자孔子의 삶이 그러했다. 조선의 이성계 또한 변방인이었다. 수많은 인물들이 변방에서 역사의 중심으로 나아갔다. '변방'의 중요성은 여기에 있다. 사회를 변화시키고 발전시킬 원동력과 잠재력이 바로 변방에 있다. 생명력 넘치는 변방이야말로 그 사회를 좀 더 나은 사회로, 좀 더 발전된 역사로 만들어 낼 수 있는 구심점이 된다. 새로운 역사는 언제나 '변방'에서 시작된다. 여기서 말하는 '변방'은 단순히 공간적 개념이 아니다. 변방은 '변방성', '변방 의식'의 의미로 이해되어야 한다. 즉 자신을 주변화하는 것이다. 비록 현재 내가 어떤 장세場勢의 중심부에 위치하고 있더라도 변방 의식을 내면화하는 자세가 필요하다. '변방'의 핵심은 변화와 소통이다. 변방 의식을 통해 성찰하고 이를 통해 부단한 변화와 소통을 이루어야만 생명체로서의 존재가 가능하다. 즉 생명은 스스로를 조감하고 성찰하는 동안에만, 즉 스스로 새로워지고 있는 동안에

만 생명을 잃지 않는다."[14]

중앙에 비해 변방, 주변부 대접을 받아온 우리나라 지방자치단체의 현실에서 나는 역설적으로 풀뿌리 민주주의를 읽는다. 국가 단위의 큰 경제, 정책과 별개로 소규모의 주민참여, 지방자치가 성숙한 사회를 만드는 데 필수적이라는 근거는 많다.

서강대 철학과 최진석 명예교수는 '경계'에 설 것을 다음과 같이 강조했다. "경계에 서 있으면 과거에 붙잡히지 않고 미래로 몸이 기운다. 미래가 열리지 않는 것을 한탄하지 마라. 내가 그저 한쪽을 지키는 성실한 투사임을 한탄해라. 경계에 서 있는 상태를 자유롭고 독립적이라고 한다. 자유롭고 독립적이어야만 창의적이고 혁명적이다. 거기서 모든 위대함이 자란다. 하지만, 경계는 안타깝게도 비밀스럽다. (중략) 두 면을 동시에 장악하거나, 두 면 사이의 경계에 처하지 않으면 전면적 인식이나 진보적 삶은 구현되지 못한다. 한쪽을 택하면 과거에 박히고, 경계에 서면 미래로 열린다. 한쪽을 택하면 얼굴에 짜증기가 새겨지고, 경계에 서면 밝고 환해진다."[15] 최진석 교수는 고향인 전남 함평에서 '새말새몸짓기본학교'를 열어 생각하는 시민 양성에 몰두하고 있다. 2022년 3월 기준, 대한민국의 '경계'는 무엇일까? 나는 지방의회가 주민과 행정, 중앙과 지방, 주민과 주민 사이를 이어주는 '경계'라고 생각한다.

성공회대 사회과학부 조효제 교수는 인권 실현의 측면에서 지방분권을 다음과 같이 강조했다. "지방분권이 왜 필요한가. 지방분권의 궁극적 목적은 호모 로컬리스가 필요로 하는 구체적 삶의 문제를 잘 해결하기 위해서다. 호모 로컬리스가 사회적 삶을 제대로 영위하려면 최소한의 의식주, 생계, 건강, 의료, 환경, 교육, 노동, 사회보장, 불차별, 준법이 필요하다. 이런 것들이 곧 인권이다. 따라서 지방정부는 인간의 본질적 욕구에 해당하는 인권을 실현하기 위해 존재한다고 규정할 수 있다. 초대 유엔 인권위원장을 지내고 세계인권선언의 제정을 주도했던 엘리너 루스벨트의 유명한 말이 있다. '인권은 우리가 사는 주변, 작은 곳에서부터 지켜져야 한다.'"[16]

서울시립대 도시공학과 정석 교수는 우리들을 괴롭히는 다양한 도시 문제들은 마을공동체의 와해와 깊이 연관돼 있다고 강조하면서 도시 문제들은 마을공동체의 관점에서 보아야 전모를 볼 수 있고, 마을공동체의 관점에서 풀어야 잘 해결할 수 있다고 했다.[17] 특히 정석 교수가 그의 저서 《도시의 발견》에서 강조한 작더라도 그 수가 많아지고 서로 이어지면 강하고 아름다울 수 있다는 '소다연강미小多連强美'[18]에 나 역시 깊이 공감했다.

2018년 기준으로 우리나라의 시·군·구 선거구는 총 226개이다. 시·군·구에는 국가 행정의 맨 밑바닥인 3,400개의 읍·면·동이 있다. 읍·면·동의 하부에는 행정의 최말단이자 행정과 주민의 최전선 접촉 경계면인 리·동(2018년 12월 31일 기준 98,013개)과 반(502,326개)이 있다.[19] 나는 이 읍·면·동을 기반으로 하는 지방의회의 가장 최소 단위인 기초의회가 바로 서야 대한민국의 민주주의와 지방자치가 튼튼히 뿌리내릴 수 있다고 본다. 소수 엘리트나 지도자가 복잡하고 다양한 사회문제를 모두 해결할 수는 없다. 주민들이 스스로의 문제를 고민하고 집단지성을 통해서 지역사회 문제를 스스로 해결하는 활동이 필요하다. 공직선거법 등 관련 법령과 제도의 보완이 필요하겠지만, 직접민주주의의 현실적인 대안으로 기초의회가 그런 장이 될 수 있고 되어야만 한다.

스위스의 저명한 경제학자인 브루노 프라이Bruno S. Frey 교수는 행복을 통계적으로 분석한 결과 지방분권을 많이 실시하는 나라일수록, 국가의 중대사를 국민이 직접 결정하는 직접민주주의가 발전한 나라일수록 국민이 행복하다는 것을 밝혔다. 또한 지방분권이 많이 된 나라일수록 국민소득이 높다는 것도 통계적으로 나타나고 있다.[20]

주민들의 실생활과 밀착된 행정을 원하는가? 지상파 TV의 저녁 뉴스에 단골로 나오는 국회의원들의 다툼에 짜증이 나는가? 국가란 무엇인가라는 질문이 구체적으로 와 닿지 않는가? 그렇다면, 여러분 가까이에 있는 구의회(또는 군의회)를 살펴보시기를 바란다. 나태주 시인의 시 '풀꽃'처럼 "자세히 보아야 예쁘다. 오래 보아야 사랑스럽다." 구의회도 그렇다.

3장

주민들에게 도움이 되는 구의회의 역할

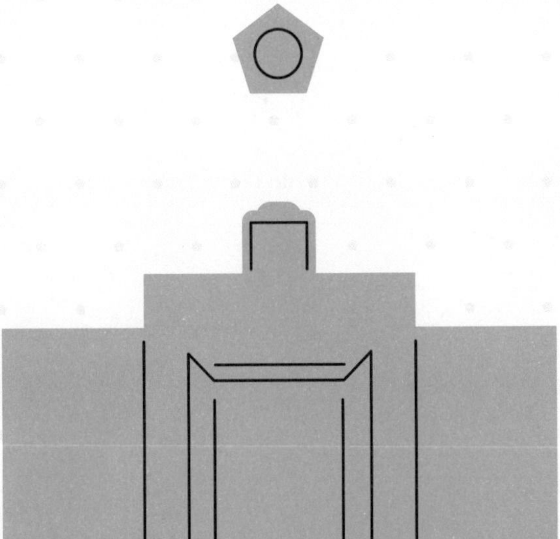

사례1

2017년 7월 충북 지역에 사상 최악의 물난리가 발생한 시기에 외유성 유럽연수를 떠났던 충북도의원들을 비판하는 국민을 '레밍(쥐의 일종)'에 빗대 비하 발언을 한 김 모 도의원이 국민들에게 사죄하였다.

사례2

경북 예천군의회 의원 9명은 2018년 12월 미국과 캐나다 등 7박 10일간 해외연수의 일정 대부분을 박물관 견학과 나이아가라 폭포 관광 등 외유성으로 채웠다. 특히 일정 문제를 놓고 의원들과 여행사 간에 갈등이 빚어져 의회 부의장이 가이드를 폭행하는 일이 벌어져 이후 예천군의회 의장과 부의장은 공식 사과문을 냈다.

구의회로 이직하고 몇 년 동안 지인들에게 지방의회에 대한 인상평을 묻곤 했다. 가령 지방의회라는 말을 들으면 가장 먼저 무엇이 떠오르느냐는 식이다. 지방의회와 내 직업에 대한 일종의 자기객관화 과정인 셈인데, 내 직장이 어디인지 아는 지인들이라 내심 긍정적인 답변을 기대했다. 하지만 얘기를 들을수록 종종 얼굴이 화끈거렸다. 이제는 지인들에게 지방의회의 인상평을 묻지 않는다. 위에 제시한 사례는 그때 들었던 지인들의 부정적인 답변 중 일부에 불과하기 때문이다.

도대체 지방의회가 뭐 하는 곳이기에 사람들의 뇌리에 부정적인 이미지 일색일까. 아무렇지도 않게 내뱉는 지방의회 혐오 발언을 들을 때마다 지방의회에 몸담고 있는 사람으로서 참담한 심정이다. 한편으로는 지방의회의 막중한 역할에 비해 주민들이 너무 몰라 주는 것 같아 안타까움을 넘어 억울하기까지 했다. 이제부터 소소하지만 의미있는 지방의원의 활약상(?)을 소개하고자 한다. 서울시 자치구의회를 중심으로 지난 7년간 경험한 분야별 의정활동 사례를 정리하면 다음과 같다.

01

동주민센터를 이용하기 불편하다면?

'동주민센터'가 최근 확 달라졌다. 내 기억 속의 동주민센터는 주민등록등·초본을 떼거나 전입신고를 하는 행정의 가장 말단 기관에 불과했다. 그러던 곳이 지난 몇 년 동안 주민들의 커뮤니티 공간으로 변한 것이다. 행정 위주의 동주민센터에서 복지·고용·문화 등 주민생활서비스를 맞춤형으로 편리하고 빠르게 제공하는 선진 주민생활 서비스 중심기관으로 동주민센터가 바뀌었다. 그 과정에서 구의회는 과연 어떤 역할을 했을까?

우선 동주민센터의 변화 과정을 보자. 지난 10여 년간 복지수요는 폭증하고 있지만 동주민센터의 사회복지 인력은 동별 2~3명에 불과해 사회복지 공무원들이 정작 현장을 돌보지 못하고 행정처리에 급급했다. 이런 이유로 도움이 절실히 필요한 시민들에게 복지서비스가 제대로 전달되지 못하는 결과가 누적되었다.

서울시는 동주민센터를 찾아온 민원을 처리하던 곳에서 시민들의 복지와 건강을 살피고 그 지역의 공동체를 지원하는 곳으로 변화시켰다. 2015년 7월부터 2017년까지 서울시 전역에서 찾아가는 동주민센터로 개편됐는데 이름하여 찾아가는 동주민센터 사업(이하 '찾동 사업'이라 함)이다.

이를 위해 서울시는 찾동 사업을 추진하는 동주민센터에 사회복지 인력 500명과 방문간호사 106명을 배치하고, 업무매뉴얼 개발 및 보급, 공무원 등에 대한 교육을 실시하는 등 찾동 사업의 원활한 추진을 위한 기반을 마련하였다. 한 조사에 따르면, 찾동 사업에 대해 알고 있거나 이용한 경험이 있는 주민은 29.2%, 찾동 사업의 내용에 대해 알고 있는 공무원은 73.41%로 나타났다. 또한 '사각지대 발굴', '주민과 공무원의 접점 확대', '서비스 대상자 확대'를 기대하고 있는 것으로 나타났다.

궁극적으로 찾동 사업은 복지서비스 전달체계 개편을 통해 주민 중심의 복지체계로 전환하는 것으로, 기존의 동주민센터가 행정·민원업무를 중심으로 작동하였다면 이제는 주민을 찾아가는 복지, 주민에게 다가가는 복지를 구현하는 동주민센터로 탈바꿈한 것이다.

구의회에서도 찾동 사업에 대한 구의원들의 질의와 토론이 이어졌다. 구청에서 찾동 사업은 복지정책 부서와 동주민센터 업무 담당부서, 인건비 관리부서, 동주민센터 등의 업무 협조가 필요했다. 행여나 발생할지도 모르는 행정의 사각지대를 염려해 주민들의 눈높이에서 찾동 사업에 대한 점검이 필요했다. 구의회 상임위에서 부서별 업무보고나 예산안 심사 때 구의원들의 질문이 이어졌다. 동주민센터의 공간구조를 개선할 경우 서울시에서 정한 표준안은 있는지, 공간 개선 전후 주민들에게 기대 효과는 무엇인지, 찾동 사업에 투입되는 사회복지 또는 간호인력의 처우 개선방안은 무엇인지 등등의 질의가 그것이다.

특히 2019년 5월 기준으로 보건소에 근무하는 간호인력의 경우 근무 형태가 무기계약직, 기간제 및 시간선택제 등으로 달라서 임금체계 역시 다르게 적용받았다. 유사한 업무를 수행하면서 더 낮은 임금을 받고 고용이 불안정한 간호사들의 사기저하가 뻔했다. 이런 문제점을 서대문구의회 J의원은 5분 발언을 통해 공론화하였고 의원들은 소관부서의 업무보고 시에도 구체적으로 대안을 모색하도록 요구하였다. 집행부는 상급기관의 지침과 관행 등을 근거로 사업을 추진하지만 구의회는 주민들의 입장에서 정책의 사각지대를 짚어볼 수 있었다. 찾동 사업뿐만이 아니라 특정 사업의 본래 취지를 현장에 맞게 구현하는 데 구의원들의 세심한 관심과 노력의 중요성을 새삼 깨달을 수 있었다. 특히 행정안전부에서는 이러한 일부 지방자치단체의 시도를 벤치마킹하여

2016년 3월부터 2018년도 말까지 읍·면·동 사무소 명칭을 '행정복지센터'로 전환하기로 했다. 지자체의 정책사례가 전국으로 확산된 것이다.

동주민센터를 이용하면서 소소한 불편 사항은 해당 동주민센터 직원에게 문의하는 게 맞다. 하지만 만약 다수의 동주민센터에 공통적으로 관련된 불편 사항이 있다면 구청 자치행정과(또는 자치마을과 등)나 지역 구의원과 상담해도 좋겠다.

02

동네보건소의 다양한 서비스를 아시나요?

동네 이곳저곳에 있는 모범음식점은 어떻게 지정되고 관리될까? 부정·불량식품이나 공중위생업소(숙박, 목욕, 이·미용업, 세탁업 등) 관리감독은 어디서 할까? 영유아 및 임산부 건강관리, 영유아 예방접종, 성인 예방접종, 산모 신생아 도우미 지원, 출산 및 육아교실, 산후조리원 관리 등은 어디에 물어봐야 할까? 큰맘 먹고 금연을 하고 싶은데 도움을 받을 곳이 있을까? 갑자기 자살하고 싶다는 친구가 있는데 어떻게 하면 좋을까? 동네 병원이나 안경점, 안마업소가 비상식적으로 영업을 하면 어디에 신고할 수 있을까?

이런 질문들을 한꺼번에 답변해 줄 수 있는 곳이 바로 보건소이다. 우리와 가까이에 있어도 평소 무심코 지나치는 동네 공공시설 중의 하나이다. 조금 딱딱할 수 있지만 법에서 정한 보건소의 기능과 업무를 살펴보면 다음과 같다. 밑줄 친 부분만 대충 훑어봐도 보건소에서 도움을 받을만한 사항이 의외로 많다는 것을 알 수 있다.

「지역보건법」

> 제11조(보건소의 기능 및 업무) ① 보건소는 해당 지방자치단체의 관할 구역에서 다음 각 호의 기능 및 업무를 수행한다.
>
> 1. 건강 친화적인 지역사회 여건의 조성
> 2. 지역보건의료정책의 기획, 조사·연구 및 평가
> 3. 보건의료인 및 「보건의료기본법」 제3조제4호에 따른 보건의료기관 등에 대한 지도·관리·육성과 국민보건 향상을 위한 지도·관리
> 4. 보건의료 관련기관·단체, 학교, 직장 등과의 협력체계 구축
> 5. 지역 주민의 건강증진 및 질병예방·관리를 위한 다음 각 목의 지역보건의료서비스의 제공
>   가. 국민건강증진·구강건강·영양관리사업 및 보건교육
>   나. 감염병의 예방 및 관리
>   다. 모성과 영유아의 건강유지·증진
>   라. 여성·노인·장애인 등 보건의료 취약계층의 건강유지·증진
>   마. 정신건강증진 및 생명존중에 관한 사항
>   바. 지역 주민에 대한 진료, 건강검진 및 만성질환 등의 질병관리에 관한 사항
>   사. 가정 및 사회복지시설 등을 방문하여 행하는 보건의료 및 건강관리사업
>   아. 난임의 예방 및 관리

보건소는 그 시설의 규모에 따라 보건소, 보건지소, 보건진료소로 나눌 수 있다. 서울시 서대문구 보건소의 경우 가좌보건지

소, 홍은분소한방건강증진센터, 천연분소, 보건소별관 '우리들' 등을 운영한다. 보건소와 지소의 설치는 지역보건법에 따라 대통령령이 정하는 기준에 의해 당해 지방자치단체의 조례로 정한다.

그렇다면 보건소와 구의회는 어떤 관계일까? 일단, 의원이 발의한 조례안으로 보건소의 사업이 신설되거나 변경된 경우는 비일비재하다. 지역 주민들의 목소리를 반영하여 의원 발의로 한방난임치료 지원에 관한 조례안을 제정하거나 건전한 음주문화 조성 및 지원에 관한 조례를 일부 개정한 사례가 대표적이다.

한방난임치료 지원에 관한 조례안은 저출산 및 난임 문제의 심각성에서 출발했다. 2015년 우리나라의 합계출산율은 1.24명에 불과하고 지난 15년간 1.3명을 넘어서지 못한 채 초저출산 현상이 지속되고 있다.[21] '난임'은 자녀의 출산을 원하고 있음에도 불구하고 임신·출산을 하지 못하는 것으로 난임 문제 해결은 저출산 문제의 중요한 해법 중 하나라고 볼 수 있다. 2019년 7월 초 기준, 전국에서 한방난임치료 지원 조례를 시행 중인 지방자치단체는 서울시 강서구·은평구를 비롯해 총 12곳이다.

건전한 음주문화 조성 및 지원에 관한 조례를 일부 개정한 취지는 별도의 지정절차 없이 어린이공원을 음주 청정 지역으로 지정된 것으로 간주하여 음주로 인한 어린이의 피해를 줄이고 건전한 음주문화를 조성하기 위한 것이다. 「도시공원 및 녹지 등에 관한 법률」 제15조 제1항 제2호 나목[22]에 따르면 '어린이공원'이란 어린이의 보건 및 정서생활의 향상에 이바지하기 위하여 설치하는 공원이다. 이러한 상위법령의 취지, 각종 연구결과 등을 감안할 때, 이 개정 조례안은 건전한 음주문화를 제고한다는 측면에서 적지 않은 의미가 있었다. 2018년 3월 초 기준, 건전한 음주문화 조성 관련 조례를 제정한 지방자치단체는 서울시를 비롯해 서울시 자치구 중 총 16곳이며, 전국적으로는 총 56곳이다.[23] 어린이공원을 음주 청정 지역으로 지정된 것으로 간주하도록 규정한 서울시 자치구 조례는 없었다.

보건소와 관련된 구의회 의정활동 사례는 더 있다. 구의회가 주민들의 입장에서 구체적인 개선 사항을 제안하기도 한다. 몇 년 전 구의회의 행정사무감사 마지막 날, A의원이 제안한 '요양병원 점검 개선'이 그 예이다. A의원은 동료의원과 함께 관내 요양병원을 방문했다. 요양병원의 위생과 청결 상태를 불평하는 제보가 많았기 때문에 행정사무감사 기간에 현장 점검 차원에서 일부러 가봤다고 했다. 당시 A의원이 밝힌 요양병원 방문 소감이 인상적이었다. 비좁은 병실에 빼곡하게 놓인 침대가 가장 먼저 눈에 들어왔고 환자가 평안하게 치료받는 느낌보다 마치 짐짝처럼 취급받는다는 모습으로 보였다고 말했기 때문이다.

보건소 의약과로부터 받은 자료를 보면, 요양병원 입원실의 시설기준은 새로 짓거나 증축할 경우 1병실 당 최대 여섯 병상에 다인실의 경우 1인당 6.3제곱미터이다. 지난 수년간 요양병원 점검이 1년에 한 번만, 그것도 자율점검만 이뤄지고 있는 것으로 파악됐다. 보건의료실태조사(2011~2016)에 따르면, 전체 의료기관이 이 기간에 평균 1.9% 증가한 반면 300병상 이상 요양병원은 31%나 늘었다고 한다. 2008년에서 2013년까지 5년간 요양병원 증가율은 78%나 달했고, 2013년 1,208개였던 요양병원은 2018년 7월 말 기준 1,483개로 23%나 증가했다.

당시 A의원이 제시한 자료를 보면서 나도 놀랐다. 서울대병원 비뇨의학과의 모교수가 2014년 1년간 서울·인천 지역 13개 요양병원의 환자 1,858명을 조사한 결과, 노인의 배뇨 문제가 요양병원에서 크게 등한시되고 있다는 점 때문이었다. 입원 환자 중 배뇨장애와 요실금을 가지고 있는 환자는 각각 48%, 50%에 달했고, 배뇨장애와 요실금을 동시에 앓고 있는 환자는 64%(1,190명)나 됐다. 그러나 이 가운데 배뇨장애 증상을 호전시키기 위해 약물을 처방받은 환자는 겨우 20%에 불과했고, 단 7%의 환자만 배뇨 관련 처치와 전문 진료를 받은 것으로 조사됐다. 13개 요양병원에 비뇨의학과 전문의는 한 명도 없었다고 한다. 환자의 절반 이상은 기저귀를 사용하고 있었고, 요도 내 도뇨관을 가지고 있는 환자는 20%에 그쳤다. 전체 조사 대상 환자 가운데 배뇨와 관련된 비뇨의학과 합병증을 가지고 있는 사람이 20%, 이 가운데 12%는 요로감염까지 있었지만 적절한 관리와 치료를 받고 있는 경우는 매우 적었다.

물론, 보건소가 요양병원에 대한 모든 일을 할 수는 없다. 보건복지부나 서울시가 할 수 있는 일이 있고 자치구가 해야 할 일이 있기 때문이다. 이런 점을 고려해 A의원은 개선 사항으로 관계법령이 정한 범위에서 자체적으로 요양병원에 대한 위생 점검 등을 정기적으로 실시하고, 만일 제도개선이 필요하다면 보건복지부나 서울시에 적극 건의하도록 보건소장에게 제안했다. 현장의 목소리를 상급기관에 정확하게 전달하는 것도 구청 공무원들의 중요한 의무라는 A의원의 짧지만 단호한 음성이 마이크를 타고 행정사무감사장을 가득 채웠던 것으로 기억한다. 그 순간 '저희 소관 업무가 아닌데요…'라는 소관 부서의 태도가 미쑥해졌다. 주민들의 눈높이에 맞는 의정활동이 잠시나마 빛을 발한 순간이었다.

03

질 좋은 구립어린이집을 원하세요?

2012년 통계청 설문조사 결과에 따르면 보육정책 중 우선적으로 추진해야 할 사항으로 국공립어린이집 확충(39.6%), 보육시설 이용료 지원 확대(19.9%), 보육서비스 질 향상(16.2%) 순으로 나타났고, 정부가 '가장 우선적으로 추진해야 할 보육정책 1순위'는 국공립어린이집 확충인 것으로 조사됐다.[24] 특히 학부모 10명 중 약 9명(93.4%)은 '어린이집 선택 시 국공립어린이집 여부가 영향을 미친다'(매우 많이+다소)고 응답해 국공립어린이집에 대한 부모의 선호도는 여전히 높은 것으로 나타났다.[25]

이런 현실을 보여주듯 서울시 자치구 중에는 구립어린이집 확대를 역점사업으로 추진하는 곳이 많다. 동작구는 지난 2016년

보육서비스의 질적 수준 향상을 위해 전국 지자체 최초로 보육청 사업을 도입했다. 보육청 시즌1에서는 국공립어린이집 확충, 국공립어린이집 위탁 운영 확대, 보육 교직원 통합인사시스템 도입 등 보육 기반 조성에 중점을 뒀다. 2014년 6월 29곳이던 구 관내 국공립어린이집은 현재 69곳으로 늘었다. 구 국공립어린이집 이용률은 서울시 평균보다 7% 이상 높은 55%로, 관내 어린이집 보육 아동 2명 중 1명은 국공립어린이집에 다닐 수 있게 됐다.[26]

송파구는 영유아 가정의 든든한 버팀목이 되기 위해 보육의 공공성 강화 및 구립 어린이집 확충을 역점사업으로 추진하여, 지난해 말 구립 어린이집 100개소를 달성했으며, 서울시 자치구 가운데 가장 많은 구립 어린이집을 운영하고 있다. 특히 거여하나어린이집은 국·시비 25억 원과 하나금융그룹과 민관협력사업을 통해 10억 원을 지원받아 총사업비 35억 원을 투입, 노후화된 어린이집을 허물고 국공립 기준에 맞춰 새롭게 건립했다.[27]

서울시는 '서울형 공유어린이집'을 선보인다고 2021년 7월 밝혔다. 서울형 공유어린이집은 3~5개의 국공립어린이집과 민간, 가정 어린이집을 하나로 묶어서 아이들을 같이 키우는 새로운 보육 유형이다. 어린이집 간의 과도한 경쟁을 지양하고 원아 공동모집, 공동구매, 교재·교구 공동 활용, 보육 프로그램 공유, 현장학습 등을 함께 기획하고 운영해 운영 부담을 줄이는 동시에 보육 서비스 수준을 높이는 효과가 기대된다. 국공립에만 치우치는

입소 대기 문제도 해소될 수 있다.[28]

그렇다면, 과연 우리 동네 구립어린이집의 실태는 어떨까? 2017년 서대문구의회의 "국·공립어린이집 지도 및 관리 사무에 관한 행정사무조사위원회"(이하 '행정사무조사위원회'라 함) 활동을 함께 한 적이 있다. 행정사무조사위원회는 7명의 구의원으로 구성되어 2017년 7월 3일부터 2017년 11월 13일까지 134일간 여섯 차례의 회의 및 10회차의 현장방문을 통해 어린이집 관리·운영, 친환경 급식, 어린이집 시설관리, 예산 지원, 회계, 인사 분야 등의 사무를 조사했다.

당시 조사결과에 따르면, 편성목에 맞지 않는 예산 집행, 어린이집 통장의 사적 사용, 입학준비금의 불투명한 집행 등의 사례가 지적됐다. 또한 원장과 보육교사가 영유아보육법, 사회복지법인 및 사회복지 시설 재무·회계 규칙 등 관련 법규를 잘 숙지할 필요가 있었고, 문서 작성 및 보관 기준이 어린이집별로 각각 달라 비교가 어려웠다. 소관 부서인 여성가족과에서는 매뉴얼을 만들어 보육교사의 보육 업무 외 행정업무를 줄일 필요가 있었다. 보육 교직원의 현재 장기근속수당에 대한 개선, 비담임교사의 급식비 지원, 보육 교직원 및 원아들의 육아종합지원 센터를 통한 찾아가는 교육을 시행하도록 의원들은 건의하였다. 특히 의원들은 원아가 직접 대피할 수 있는 비상 대피 시설 구축, 실내 공기질 관리의 주기적인 확인, 외부 체험활동 시 차량보험 확인 등을 세심하게 요청하였다.

행정사무조사위원회를 수행하면서 느낀 점이 많았다. 아이가 없는 내가 수십여 곳의 어린이집을 방문해 본 건 그때가 처음이었다. 구립어린이집의 운영이 미흡하다고 해서 모든 원인을 집행부의 탓으로만 단정할 수는 없었다. 가령 어린이집의 수에 비하면 턱없이 적은 여성가족과 담당직원 수로 인해 세밀한 지도·감독이 쉽지 않다는 점, 감사담당관이 매년 특정감사, 종합감사 등을 하지만 구립어린이집까지 감사를 하기는 여의치 않은 점, 관내 모범적인 운영 사례가 있어도 서로 공유되지 않고 심지어 불합리한 제도가 공론화되지 않아 비효율적 업무가 관행적으로 고착된 점 등이 그것이다. 이와 같은 배경에서 적발 위주의 조사가 아니라 구립어린이집의 실태를 점검하고 집행부에 개선 사항을 전달하는 일이야말로 구의회가 주민들의 눈높이에서 의정활동을 하는 유의미한 사례였다고 본다. 지금보다 질 좋은 국공립어린이집을 원한다면, 독자 여러분 지역의 지방의회의 문을 두드려 보면 어떨까?

04

우리 아이들이 정말로 건강한 학교급식을 먹으려면?

2021년 7월 서울시민이 뽑은 서울시 최고의 조례에 2010년 제정된 '무상급식 조례'가 선정됐다. 서울시의회는 시민 5,285명을 상대로 '시민의 삶을 바꾼 최고의 조례' 온라인 투표를 진행한 결과, '무상급식 조례'가 2,054표(14.3%)로 1위를 차지했다고 밝혔다. 앞서 2010년 12월 서울시의회는 '친환경 학교급식 조례'를 제정해 전면적 무상급식이 시행될 수 있는 법적 근거를 마련했다.[29] 2021년 3월 기준으로 서울시는 서울친환경유통센터를 통해 초·중·고 그리고 특수학교 1,033개 학교에 매일 평균 80톤의 식재료를 공급하고 있다.

서울시의회 K의원은 서울시교육청을 대상으로 진행된 '2020

년 교육위원회 행정사무감사'에서 학교급식의 Non-GMONon-genetically modified organisms 식재료 확대에 소극적인 교육청 행정을 지적하고, 조속한 Non-GMO 등 학교급식의 안전식품 사용 확대 지원정책을 펼칠 것을 촉구했다. Non-GMO 식재료는 유전자 조작이나 변형을 거치지 않은 식재료를 의미한다. 2018년부터 서울시는 자치구와의 협력사업으로 학교 급식 조리 과정에서 Non-GMO 가공식품을 구매하는 일부 학교를 대상으로 구매액의 일부를 지원하는 '학교급식의 Non-GMO 가공품 차액지원 사업'을 추진하고 있다.[30]

서울시 영등포구는 '도농상생 공공급식사업'을 통해 경남 김해의 친환경 농산물을 일평균 152곳에 공급한다. '도농상생 공공급식사업'은 친환경 농산물을 식재료로 공급받아 공공급식 서비스를 추진하는 사업으로 서울 자치구와 농산물 산지가 있는 기초자치단체 간 일대일 매칭을 통해 이뤄진다. 영등포구는 2019년부터 영등포구 공공급식센터를 운영, 김해시와 협약을 맺고 김해 농산물을 어린이집·지역아동센터·복지시설 등에 공급했다. 지난 11월 만족도 조사를 실시한 결과, 98.8%의 학부모가 친환경 공공급식에 높은 만족도를 나타내기도 했다. 또한 구 공공급식센터는 올바른 식습관 형성을 위한 어린이 식생활 교육, 다양한 먹거리 체험 프로그램 운영 등을 병행해 지역 어린이집으로부터 큰 호응을 받고 있으며, 어린이집 등 급식소에 제공하는 식단 또는 조리법 개발 등도 지원하고 있다.[31]

이제 건강한 먹거리는 상식이다. 그렇다면, 내 아이들이 다니는 학교의 급식이 정말 친환경적일까? 이러한 궁금증을 집요하게 파헤친 구의원이 있었다. 2015년 구의회 행정사무감사 과정에서 B의원은 어린이집 친환경 급·간식비 지원이 투명하고 효율적으로 운영되고 있는지 문제를 제기했다. B의원은 수개월 동안 여성가족과는 물론이고 구의회 입법 법률고문의 법률 검토결과 등을 토대로 강하게 문제 제기를 하였다. 예컨대 최근 3년간 개최된 친환경 무상급식 지원 심의위원회 자료에 따르면, 회의 안건 중에 유치원 친환경급식까지는 있는데 어린이집 친환경급·간식비 지원에 관한 구체적인 사항이 빠졌고 2013년부터 2015년까지 심의위원회를 연 1회밖에 개최하지 않았으므로 명백한 조례 위반이라는 것이 B의원의 대표적인 지적 사항이었다.

또한 B의원은 여성가족과에서 공동구매 추진위원회나 육아종합지원센터에 친환경 식자재 구매에 대한 감독 업무까지 위임한 것은 관련 법률에서 규정하는 육아종합지원센터의 기능을 넘어서는 것이라고 주장했다. 이에 B의원은 위임할 수 있는 권한의 범위 밖에 있다는 법률자문 결과를 근거로 집행부가 떠넘기기식으로 직무를 소홀히 했다고 질타하였다. 담당공무원이 전문성이 부족해 지도점검이 어려우면, 전문성이 있는 영양사 등과 동행하여 불시에 현장점검을 할 수도 있는 사항이었다. 그런데 집행부는 법적으로 당연히 해야 할 지도점검조차 공동구매 추진위원회나 육아종합지원센터에 넘겼다는 것이 B의원의 주장이었다.

「서울특별시 서대문구 친환경 무상급식 지원에 관한 조례」 제12조제3항에 따르면, "구청장은 급식지원에 관한 현황과 생산지역의 식재료 생산 및 공급 관련 정보를 서대문구 홈페이지 등 홍보매체를 통하여 투명하게 공개하여야 한다."라고 규정하고 있다. 그러나 집행부의 제출자료에는 최근 3년간 매년 1회씩 총 3차례만 정보를 공개한 것으로 나타났다. B의원은 지금처럼 식재료 공급업체의 양심과 상도덕에만 의존하고 있는 친환경 급간식 지원시스템은 자칫 문제가 발생할 여지가 많다고 강조하였다. 그러면서 소비자(어린이집), 공급자(업체), 생산자(농장)간 투명한 거래와 안진한 식자재 확보를 위해 구청의 적극적인 역할과 지도·감독이 필요하다고 당부하였다.

물론 평소 미리미리 꼼꼼하게 현장을 점검하고 절차를 집행하는 부서가 훨씬 많을 거라고 본다. 하지만 '달리는 말에 채찍질을 한다'는 속담처럼 집행부가 잘 할수록 주민들의 눈높이에서 행정을 살펴보고 개선하도록 하는 의회의 역할은 여전히 중요하다. 이처럼 언뜻 봤을 때는 국회의원에 비해 한없이 작아 보이지만, 자세히 보면 주민들을 위해서 할 수 있는 일이 참 많은 게 지방의원이다. 왜냐하면 생활밀착형 행정을 수행하는 지방자치단체 공무원들을 직접 감시하고 견제하는 일이 바로 지방의원의 역할이니까.

05

출산장려금과 효도수당을 아세요?

"이일우 전문위원님은 애기가 몇 살이에요?"

"네? 아직 없는데요……."

요즘도 가끔 받는 질문이다. 살짝 당황스럽지만 아내의 박사과정 공부가 길어졌고 둘이서도 충분히 재미있다는 말을 덧붙이곤 한다. 나와 아내는 아이를 갖는 일에 별로 조급하지 않았고 그러다 보니 어느덧 시간이 지났을 뿐이다. 출산을 장려하기 위해 출산가정에 지급하는 지원금을 출산장려금이라고 하는데, 나한테 출산장려금을 준다면 내 상황이 얼마나 바뀌었을까?

2020년 전체 읍·면·동 3,545곳 중 48%가 소멸 위험지역이고,

65살 이상이 전체 인구 절반을 넘은 읍·면·동은 38곳이라고 한다.[32] 반면 우리나라의 출생아 수는 2019년 기준으로 총 302,676명이며 합계출산율은 0.92명이다. 합계출산율은 여자 1명이 가임기간(15~49세)에 낳을 것으로 기대되는 평균 출생아 수이다. 중앙정부는 임신·출산 지원, 육아 지원, 일·가정 양립 지원, 다자녀가정 지원, 청년 지원 등을, 지방자치단체는 생애주기별로 결혼, 임신, 출산, 육아, 가족 등으로 구분하여 지원한다. 특히 출산지원정책의 경우 서울 등 광역지방자치단체는 2020년 기준 199건이고, 기초지방자치단체는 2,084건이다. 기초지방자치단체 중 2020년 기준으로 219개 지역에서 출산지원금을 지급하여 대구, 인천, 대전을 제외한 나머지 시도는 모든 기초지방자치단체에서 출산지원금을 지원하고 있다.[33] 출산장려금을 3,000만 원 이상 주는 자치단체도 속속 등장하고 있다. 충남 서천·청양군과 충북 제천시, 전남 영광군 등 전국으로 확산되고 있다.[34] 인구 감소에 대한 기초지방자치단체의 절박함이 느껴진다.

구의회에서 출산장려금 관련 조례나 예산안을 심사할 때 의원들이 자주 하는 질문이 있다. '출산장려금이 출산장려에 얼마나 효과가 있는가? 출산장려금의 규모는 적정한가? 출산장려금을 받고 다른 지자체로 가버리는 부작용도 있다던데? 일부 자치구들은 재정 상황 때문에 출산장려금 확대가 어려운 만큼 출산장려금 지원사업은 지방보다 국가가 하는 것이 맞지 않을까?' 등등이 그것이다. 독자 여러분의 생각은 어떤가?

한편 국회에서는 2007년 8월 부모에 대한 효 의식을 되살리기 위하여 효를 국가 차원에서 장려하고, 이를 지원하는 방안으로 「효행 장려 및 지원에 관한 법률」을 제정하였다. 서울시가 2010년 1월 「서울특별시 효행 장려 및 지원에 관한 조례」를 제정한 이후, 2015년 8월 말 기준으로 서울시 강남구·광진구·노원구 등을 비롯해 경기도, 부산시, 대구시, 광주시 등 총 112개 광역 및 기초자치단체에서는 관련 조례를 제정했다.

서울시 서대문구는 만 100세 이상 노부모 부양 가정에 감사의 뜻을 전하고 지역사회 내 경로 효친 문화를 확산하기 위해 2019년 10월 처음으로 '효행장려금'을 지급했다. 구는 이를 위해 2018년 11월 '서울시 서대문구 효행장려 및 지원에 관한 조례'를 일부 개정했다. 이에 따라 만 100세 이상 부모 등을 실질적으로 부양하는 가정의 세대주 또는 가족대표 1명에게 2019년부터 연 1회 경로의 달인 10월에 20만 원의 장려금이 지급된다. 여기에서 '부모 등'이란 민법 제777조에 규정된 친족, 즉 8촌 이내의 혈족과 4촌 이내의 인척에 해당하는 존속을 말한다. 신청일 기준, 관내에 1년 이상 주소지를 두고 있으며 만 100세 이상 부모 등과 주민등록상 한 가구를 구성하고 실제 함께 생활하고 있으면 '서대문구 효행장려금' 지급 대상이다.[35]

구청장이 제출한 효행장려금 지원 조례 개정안에 대한 구의회 상임위 심사 과정에서 나온 구의원들의 주요 질문을 정리하면 다음과 같다. 첫째, 효행장려금 지급 대상 부모의 연령 기준을 100세 이상으로 정한 사유와 구체적인 근거[65세 이상 인구수의 연령대별(예시: 65세 이상, 75세 이상, 85세 이상, 95세 이상 등) 조사결과]가 무엇인가?, 둘째, 개정 조례안에서 지급 대상은 부양 대상자를 실질적으로 부양하는 사람으로서 신청일 현재 구에 1년 이상 주민등록을 두고 계속하여 거주해야 한다. 행정실무상 일부 논란의 소지를 예방하기 위하여 '실질적인 부양'과 '계속하여 거주' 등에 대한 개념과 객관적인 판단기준은 무엇인가?, 셋째, 효행장려금 지급은 '부양 대상자'가 아니라 '부양자'의 주소지가 기준이므로 만일 서대문구에 거주하는 만 100세 이상인 부모를 부양하는 자녀가 다른 지방자치단체에 주소지를 두고 있다면 이 자녀가 본 개정 조례안에 의한 효행장려금 지급 대상인가?, 넷째, 본 개정 조례안은 효행장려금 지급 대상을 '…… 만 100세 이상의 부모 등……'으로 규정하고 있는데, 만 100세 이상의 부모 외에 다른 지급 대상을 동시에 염두에 두고 '등'으로 표시하였는가? 만일 효행장려금 지급대상에 만 100세 이상의 부모만 해당된다면 해당 조항에서 '등'을 삭제하는 것이 타당하다. 다섯째, 2019년 1월 기준, 본 개정 조례안에 의한 효행장려금 지급 대상 예상 규모 및 비용 추계 결과는 무엇인가?, 여섯째, 본 개정 조례안과 유사하게 효행장려금을 지급하는 다른 지방자치단체의 사례 및 제도 실시 전·후 지표에 대한[36] 비교 결과가 있는가?

상임위의 안건심사 당시 부모에 대한 효를 장려하자는 조례

개정안의 취지를 반대하는 의원은 아무도 없었다. 다만 효행장려금 지원사업이 자칫 구청장의 단순 생색내기나 예산 낭비로 그칠 것을 우려하는 의원들이 있었을 뿐이다.

06

가성비價性比가 좋은 우리 동네 축제를 만들려면?

서울문화재단은 코로나19가 문화예술에 미친 영향을 분석한 〈2020년 서울시민 문화향유 실태조사〉 결과를 발표했다. 이에 따르면 지난 1년간 서울시민은 문화예술을 대략 4회 정도 관람했고, 관람비로는 평균 7만 4천 원을 지출한 것으로 나타났다. 2018년도와 비교했을 때, 코로나로 인해 문화관람 비용과 횟수가 40% 감소됐으며, 특히 60대 이상 시니어 계층에서 영향이 큰 것으로 나타났다. 이에 대해 서울문화재단 관계자는 "온라인이 오프라인의 문화예술을 대체하기 어렵다는 한계가 있지만, 코로나가 장기화되는 상황을 고려해볼 때, 중장기적인 대안을 모색할 필요가 있다."라고 말했다. 덧붙여 "시니어 계층을 위한 문화예술 프로그램 마련과 수준 높은 온라인 프로그램의 개발 등 서울시의 문화예술 정책을 수립하는데 많은 도움이 될 것"이라고 2021년 5월 서울문화재단은 밝혔다.

지방자치단체가 개최하는 축제는 지역경제 활성화와 지역전통문화 계승이라는 목적에서 1990년대 중반부터 그 수가 빠른 속도로 증가했다. 2012년 한해에는 자치단체별로 개최한 지역축제가 전국에서 총 2,429개인 것으로 나타났다. 이처럼 지방자치단체의 축제가 증가함에도 불구하고 주민 호응을 받지 못하거나 특색이 없는 중복·유사 축제도 상당수 존재하는 것으로 지적되기도 했다. 일각에서는 경쟁력을 상실한 축제를 통폐합하여 경쟁력 있는 축제로 육성하고 축제 성과를 객관적으로 평가할 수 있는 시스템을 도입해야 한다는 의견도 제기됐다.[37]

2018년 기준으로 서울시·자치구가 주관 및 지원하는 축제는 총 505건이고, 총 사업비는 462억 원으로 이중 시비는 288억으로 약 63%를 차지하고 있으며, 2008년 축제 개최 건수(서울시 22건, 자치구 98건)와 비교하면 10년 만에 서울시 축제는 386.4%인 85개 증가, 자치구 축제는 306.1%인 300개 증가한 것으로 나타났다.[38]

행정안전부는 2017년도 지방자치단체 「예산편성 운영기준 및 기금운용계획 수립기준」에서 행사·축제 예산 효율화 추진 방안을 발표하였다.[39] 주요 골자로 '자치단체의 무분별한 선심성·낭비성

행사·축제는 기본적으로 억제하되 지역경제 활성화에 기여하는 명품 행사·축제는 육성 지원하고, 행사·축제의 신설 및 성과에 대해 민간위원회의 엄격한 사전심사 및 사후평가로 감축을 유도하며, 모든 행사·축제에 대한 정보를 투명하게 공개하고, 관련 규정 위반 시 재정 페널티를 부여한다.'는 내용이다.

서울시 자치구의 행사·축제에 대한 우려섞인 분석도 있다. 행정안전부의 '2015회계연도 재정분석결과'에 따르면, 서울시 S구는 "세출결산액 3537억 8,299만 원 중 행사·축제경비가 16억 4,044만 원이고, 행사·축세에 대한 성과평가 위원회를 구성하였다. 각종 행사 및 축제 등을 객관적이고 공정하게 평가하여 성과가 부진한 사업은 지원을 중단하고, 유사하거나 중복되는 사업들을 통·폐합함으로써 재정의 건전성을 높여야 한다."라고 지적받았다.[40]

행정안전부의 '2019회계연도 재정분석결과'에 따르면, 서울시 D구는 "행사·축제 경비비율이 최근 3년 동안 지속해서 상승하여 2019년에는 1.03%에 도달했는데, 이는 동일 유형 지방자치단체 가운데 가장 높은 수준으로 나타났다.[41] 이는 D구의 특성상 재정 규모와 비교하여 다소 많은 행사·축제 경비가 지출되고 있기 때문인데, 주로 등축제(5억 원) 및 어린이날 행사 지원 등 지역축제(5억 9,000만 원)가 주요한 원인이며, 동별 주민주도형 마을축제가 지속적으로 증가하고 있기 때문으로 분석됐다. 게다가 행사·축제 경비 증감률도 최근 3년 동안 계속 증가하여 2019년에는 유형 평균의 2배에 가까운 24.05%나 되었다는 점이 문제로 지적됐다. 서울문화재단 산하 서울축제지원센터가 평가한 자료에 따르면, D구의 대표 브랜드축제의 관람객 만족도는 백점 만점에서 2019년 74.3점[42], 2017년 78.2점, 2016년 75.2점, 2015년 78점으로 나타났다.

이와 같은 문제를 개선하기 위해 서울시의 일부 구의회에서는 지역의 각종 행사·축제를 평가하고 의견을 제시할 목적으로 축제위원회의 운영 관련 조례를 제정했다. 지방자치법상 의회와 집행부는 상호 견제와 균형의 원리에 의해 운영된다. 집행부는 정책을 집행하고 의회는 집행부의 정책을 견제한다. 따라서 집행부가 추진하는 지역의 각종 행사 · 축제의 불필요한 낭비 요소를 줄이는 측면에서 의원 발의로 축제위원회 관련 사항을 조례로 제정하는 것은 적지 않은 의미가 있다. 2021년 7월 기준으로 조례 이름에 '축제'를 사용한 관련 조례를 시행 중인 서울시 자치구는 강동구, 노원구, 도봉구, 서대문구, 성동구, 중구 등이다.

'중이 제 머리를 못 깎는다'라는 속담처럼 집행부 스스로가 자신들의 정책을 엄밀하게 평가하기는 쉽지 않다. '팔이 안으로만 굽지 않도록' 조직 내부의 평가시스템과 별개로 주민들의 입장에서 집행부의 정책에 쓴소리를 할 필요가 있다. 가격 대비 성능이 좋은 지역의 행사 · 축제를 원하는가? 이를 평가하고 보완하는 시스템을 갖출 수 있도록 의회의 역할에 주목해보자.

07

우리 지역의 동네 책방을 활성화하려면?

2013년 12월을 기준으로 최근 8년 동안 전국 서점 수는 29.3% 감소했다. 1994년에 5,683곳이던 서점 수는 2003년에는 그 절반 이하인 2,247곳으로, 2011년에는 다시 1,752곳으로 줄어들었다.[43] 지역을 판매 기반으로 하는 중·소형 서점인 지역 서점은 대기업의 대형서점, 인터넷 서점과 함께 출판 유통에 있어 3대 유통망에 해당된다.[44] 2003년 도서정가제 시행으로 도서 반값 할인 등과 유통 혼란이 개선되었음에도 불구하고, 출판사의 차별적 공급 등으로 지역 서점들은 여전히 어려움을 겪고 있다.

이 문제를 지역 차원에서 조금이나마 해소하기 위해 Y구의원이 발벗고 나섰다. Y의원은 2018년 11월 15일 「서울특별시 서대문구 지역 서점 활성화 지원 조례」(가칭) 제정을 위한 관계자 간담회를 개최했다.

이날 간담회는 관내에서 서점을 운영해 온 십여 명의 대표자들이 참석하여 현재 처해있는 위기 상황을 공유하고 지역 서점 활성화를 위한 다양한 의견을 자유롭게 교환하는 자리로 진행됐다. 지역 서점의 대표자들은 소비자들 사이에 대형서점이나 온라인 서점이 더 다양한 서적을 구비하고 있을 것이라는 오해가 있는 것과 공공기관조차 우리 지역 서점에서 우선 구매하자는 인식이 적은 것 등 문제점을 지적하였다. 그럼에도 개별 서점 차원의 노력에 그치지 않고 '서점협동조합'을 결성하여 공동 판로 개척, 도서관과의 소통 채널 확보 등 다양한 자구 노력을 해왔으며 앞으로도 계속할 계획이라고 밝혔다.

또한 지역 서점이 단순히 책을 판매하는 기능에 그치지 않고 동네의 작은 문화 거점으로 자리잡기 위해서 공공기관의 우선구매 제도, 학교 및 소비자를 대상으로 한 홍보 등을 통한 기반 조성이 필요하다는 것에 뜻을 함께 했다.

당시 Y의원은 "전국화, 대형화 추세에서 동네 지역 서점이 모두 사라진다면 공급자 중심의 시장이 될 수밖에 없고 결국 문화와 지식조차 획일적으로 흐를 수 있다"고 주장했고, "지역 서점의 활성화는 단순히 영세상인을 살리는 관점이 아니라 문화와 지식의 다양성이란 관점에서 반드시 공공기관이 해야 할 역할이 있을 것이고 이를 제도적으로 뒷받침하기 위한 좋은 조례안을 마련하도록 노력하겠다"고 강조했다.

Y의원이 지역 서점 관계자들과 간담회를 개최한 지 약 8개월여 만인 2019년 7월 10일 「서울특별시 서대문구 독서문화 진흥을 위한 지역 서점 활성화 지원 조례」가 제정됐다. 이 조례의 취지는 지역의 도서유통과 문화 향유의 공간으로서의 기능을 하는 지역 서점을 지원함으로써 경영 안정을 도모하는 것이었다. 이를 기반으로 주민이 쉽게 접근할 수 있는 서점을 활성화하여 독서문화의 진흥과 건전한 독서 생태계를 조성하고자 했다.

08

아동친화도시, 여성친화도시를 들어 보셨나요?

2020년 1월 말 어느 여성 페미니스트 연구자의 출간 기념 모임에 참석한 적이 있다. 출판사 관계자와 독자들 예닐곱 명이 식사를 겸한 자리였다. 나와 다른 남성 독자 한 명을 제외하면 출판사 직원까지 모두 여성이었다. 저자의 짧은 강연이 끝나고 질의답변 시간에 나는 서울시 자치구가 추진하는 아동친화도시, 여성친화도시 등의 문제점이 뭐라고 생각하느냐고 물었다. 페미니즘을 연구하는 저자이고 그것에 관심이 많은 독자들이라 요즘 회자되는 아동친화도시나 여성친화도시 정도는 이미 알고 있고 더 나아가 운영상 불만이 있을지도 모르겠다고 나는 짐작했다. 하지만 그런 예상은 보기좋게 빗나갔다. 저자를 비롯해 거기에 모인 참석자들은 그게 뭐냐는 아리송한 표정을 지을 뿐이었다. 문제점은 커넝 정책 자체, 용어자체를 모르는 상황이었다. 당황한 나는 마음을 가다듬고 재차 물었다. 정말 한번도 이 제도를 들어본 적이 없냐고. 그들의 말과 표정은 똑같았다. 그 순간, 아차 싶었다. 아동친화도시, 여성친화도시는 공무원들이나 몇몇 관계자들만이 아는 '그들만의 리그'같은 거였구나……. 수년간 각 자치구에서 아동친화도시와 여성친화도시를 하겠다고 쏟아부은 예산은 전부 어디로 갔을까? 지역 주민들은 과연 이 정책을 얼마나 알고 있을까? 잠시 허탈했다. 주민들이 체감할 수 있는 정책이 되도록 집행부는 물론이고 구의회의 적극적인 의정활동 노력이 필요하다는 것을 절감한 시간이었다.

안건을 검토하면서 유엔아동권리협약Convention on the Rights of the Child: CRC이라는 용어를 처음 들었다. 이는 아동을 단순한 보호대상이 아닌 존엄성과 권리를 지닌 주체로 보고 이들의 생존권, 발달권, 보호권, 참여권에 관한 기본 권리(4대 권리)를 명시한 협약이다. 이 협약은 1989년 11월 20일 유엔총회에서 만장일치로 채택되었고, 2016년 현재 우리나라를 포함한 전 세계 196개국이 비준하였다.

아동친화도시는 이러한 유엔아동권리협약을 지역 차원에서 구체화한 실체라 할 수 있고, 아동의 권리를 온전히 보장하기 위해 지방정부 차원에서 체계적이고 조직적으로 도시 및 지역사회 시스템을 구축하는 것이다. '아동친화도시'의 추진은 UN 산하 아동구호기관인 유니세프가 지역사회 내 아동의 권리를 온전히 보장하는 목표 실현을 위해 2000년 이탈리아 플로렌스에 아동친화도시 사무국인 IRCUNICEF Innocenti Research Centre를 설립하고 세계 각국의 아동 친화도시 만들기 사업을 지원하면서 시작됐다.

유니세프 한국위원회는 이러한 국제적인 흐름에 힘입어 2011년 유니세프 아동친화도시 사업에 착수하였다. 전국 지자체를 대상으로 2015년 9월 '아동친화도시 추진 지방정부협의회'를 구성하여 협조를 구하고 있으며, 2013년 11월 서울시 성북구를 우리나라 첫 번째 아동친화도시로 인증한 바 있다. 유니세프 아동친화도시 사무국은 지방정부가 유엔아동권리협약을 이행하는 데 필요한 10가지 기본원칙을 제시했다.

서울시의회에서는 「서울특별시 아동친화도시 조성에 관한 조례안」(2016. 11. 7. 발의)이 2016년 12월 21일 본회의에서 통과되었고, 2022년 5월말 기준, 제명題名에 아동친화도시를 명시한 관련 조례는 서울시의 경우 25개 자치구에서 모두 제정·시행 중인 것으로 나타났다.[45]

한편 여성친화도시는 1970년대 북미에서 여성들의 '안전'을 주장하면서 시작되었고, 1994년 '도시 여성을 위한 유럽선언'과 1996년 제2차 '유엔인간정주의회의'에서 '도시에서의 여성의 삶'을 조명하면서 논의 내용과 범위가 확장됐다.[46] 여성친화도시는 지역 정책에 여성과 남성이 평등하게 참여하고 여성의 역량 강화, 돌봄 및 안전이 구현되도록 정책을 운용하는 도시로 볼 수 있다. 즉 여성과 남성에게 동등한 참여와 혜택을 보장함으로써 일상생활에서 성별 차이가 없도록 하는 지역이다.[47]

여성가족부는 지정 기준을 갖춘 기초지방자치단체를 파트너로 인증하여 컨설팅과 교육을 통해 여성친화도시를 지원한다. 2020년 1월 여성가족부는 마을 주민들이 체감할 수 있는 성평등한 정책 추진을 약속하는 '여성친화도시'가 전국 92개소로 늘어난다고 밝힌 바 있다. 여성가족부는 2009년부터 지역정책과 발전 과정에 여성과 남성이 평등하게 참여하고 여성 일자리, 돌봄 및 안전 정책을 중점 추진하는 기초 지자체를 여성친화도시로 지정하고 있다. 그러면서 5년마다 단계별 재지정 심사를 하고 있다.

예컨대 2012년 최초 지정 이후 2017년 재지정된 서대문구는 지역 특성과 주민 의견을 반영하여 여성 독립운동가에 관한 테마길 '여기로(여성에 대한 기억을 담고 있는 길)'를 조성하고 주민해설사를 양성하고 있다. 이와 같은 여성친화도시 조성에 주민 참여를 강화한 성과를 인정받아 여성친화도시 조성 우수 기관으로 국무총리 표창을 수상하였다. 하지만 그동안 서대문구에서는 여성친화도시 조성과 직접 관련된 법적 근거가 「서울특별시 서대문구 성평등 기본 조례」 제7조 제1항 제6호, 제37조 등에 불과하다는 의견이 많았다. 이런 배경에서 서대문구는 2020년 4월 「서울특별시 서대문구 여성친화도시 조성에 관한 조례」를 제정하였다.

여성친화도시에서의 '여성'은 사회적 약자를 대변하는 상징적인 의미가 있다. 아동, 청소년, 장애인, 노인에 대한 배려를 포함하여 만들어가는 도시라는 점이다.[48] 특히 2017년 1월 국회입법조사처가 조례 내용의 구체화 및 여성친화도시 추진 지원 방안 강화를 개선방안으로 제시한 점[49]을 감안할 때 자치구가 조례를 제정한 것은 적지 않은 의미가 있다고 본다. 2020년 3월 기준, 여성친화도시 조성을 위해 별도로 조례를 제정한 서울시 자치구는 강남구, 강동구 등 총 9곳[50]이다. 전국적으로는 총 118개 지자체에서 별도 조례를 시행 중이다.

의회에서는 행정사무감사와 예산안 심사 등을 통해서 집행부가 추진하는 아동친화도시 및 여성친화도시가 실제 어떻게 구현되고 있고 당초 취지에 맞게 진행되고 있는지 확인하고 점검한다. 이것이 바로 지역의 아동과 여성으로 상징되는 약자들을 위한 의회 방식의 정책 실현 수단이다.

09

교육경비 보조 지원사업이란?

우리나라는 교육의 자주성 및 전문성, 지방교육의 특수성 등을 살리기 위하여 지방자치단체의 교육·과학·기술·체육·학예에 관한 사무를 관장하는 기관을 일반 지방자치단체와 분리하여 지방교육자치제도를 실시하고 있다.[51] 이에 따라 시·도에서는 지방자치단체 일반회계와 별도로 고등학교 이하의 각급학교 교육을 지원하기 위한 재정으로 시·도 교육비특별회계를 설치·운영하고 있다.

지방교육을 관장하는 시·도교육청 예산은 특별회계로 되어 있다. 시·도 교육비특별회계의 세입은 중앙정부와 지방정부 의존도가 높은데, 중앙정부(교육부)로부터 지방교육재정교부금과 국고 보조금의 형태로, 지방정부로부터 법정전입금(지방교육세, 담배소비세 전입금, 시·도세 전입금)과 비법정전입금의 형태로 지방교육 재원을 확보하고 있다.[52] 지방자치단체 일반회계로부터의 이전수입은 법정이전수입과 비법정이전수입으로 구분된다. 법정이전수입은 「지방교육재정교부금법」 등에 그 조달이 명시되었으며, 비법정이전수입은 관계 법령에 "지원할 수 있다" 등으로 규정되어서 지자체의 예산심의·의결을 거쳐 지원되는 경비이다. 교육경비보조금은 비법정전입금의 일종이지만, 교육비특별회계로 전입되지 않고 학교회계로 직접 전입되기 때문에 교육비특별회계 전입금과 구분된다. 「지방교육재정교부금법」 제11조 제8항[53] 및 「지방자치단체의 교육경비 보조에 관한 규정」 제2조[54] 등은 지방자치단체가 직접 관내 학교를 지원할 수 있도록 함으로써 지방자치단체의 교육투자를 유인하기 위한 제도로 지방자치단체의 경쟁적인 교육투자를 유도하기도 한다.[55]

경기도 군포시는 2021년도 학교별 교육경비보조금 174억 4,000만 원을 지원한다고 같은 해 3월 밝혔다. 전액 시비로 편성된 올해 교육경비보조금의 주요 사업으로는, 사립유치원과 대안학교, 초·중·고교 학생들의 학교급식 지원에 87억 2,000여만 원을 지원한다. 또 군포초교 본관 외벽 교체와 곡란중학교 체육관 보수, 산본고교 출입문 교체 등 16개 학교의 환경개선을 위해 24억 6,000여만 원을 지원한다. 초등학교 특성화교육을 위해 27개 초등학교에 8억 1,000만 원, 학교당 최대 3,000만 원을 투입하고,

융합과학교육 중점 지원을 위해 4개 학교에 4,000만 원을 지원하는 등 인재육성분야에 11억 4,000만 원을 집행한다. 이와 함께 학교실내체육관 건립을 위해 관모초교와 산본초교에 15억 6,000여만 원을 지원한다. 시는 학교와 마을이 함께 하는 지역공동체 구축 등 군포혁신 교육지구 시즌Ⅲ의 사업에 37억 6,000여만 원을 투입하기로 했다.[56]

서대문구에서는 교육경비 보조에 관한 기본계획 수립부터 보조사업 평가까지 전반적인 방법과 절차에 투명성과 공정성을 높임으로써 보조금이 보다 계획성있게 집행되도록 「서울특별시 서대문구 교육경비 보조에 관한 조례」를 의원 발의로 2019년 7월 일부 개정하였다.

2012년 서울시교육청의 교육경비보조사업 등 관련 감사결과[57]에 따르면, 교육경비보조금 집행 부적정 사례로 교육경비보조금 목적외 사용에 대한 구청장 사전 미승인[58], 교육경비보조금 정산 소홀[59] 등이 지적됐다. 이러한 배경에서 의원 발의를 통해 교육경비 보조에 관한 조례를 일부 개정한 것은 보조금의 계획적 집행과 보조사업의 실효성 제고 등의 측면에서 적지 않은 의미가 있다고 생각한다. 여러분의 자녀가 다니는 학교의 시설 개선이나 교육 환경을 개선하고 싶다면 기초자치단체의 교육경비 보조예산을 꼼꼼히 들여다보고, 만일 문제가 있다면 지방의회의 도움을 받도록 권하고 싶다.

10

시설관리공단이 운영하는 시설을 편리하게 이용하려면?

문화체육회관에서 운영하는 프로그램에 대해 건의 사항이 있다면?

공단에서 관리하는 배드민턴장의 시설이 너무 낡았다면?

거주자우선주차에 이의가 있다면?

만일 위와 같은 점이 불편하다면 지역의 시설관리공단이나 도시관리공단(이하 '공단'이라 함)에 문의할 수 있다. 대체로 전국의 지방자치단체는 위탁하는 시설 및 사업을 효율적으로 관리·운영하기 위해 공단을 운영한다. 예컨대 서대문구 공단은 2003년 12월 22일 「지방공기업법」 및 「서대문구 도시관리공단 설치 및 운영에 관한 조례」에 따라 설립되었으며 2004년 1월 1일 사업을 시작하였다. 구민 생활 편익과 복지 증진, 자치 구정의 생산성 향상을 설립 목표로 운영되었다. 2016년 공단의 주요 사업으로는 문화체육회관, 여성 센터, 서대문형무소역사관, 구립도서관 세 곳, 거주자우선주차제 및 공영주차장, 신지식 산업센터, 대학생임대주택 관리 운영 등이 있다.

지방공기업평가원에서는 매년 전국의 공단에서 추진하는 사업에 대해 전화 조사 및 개별 면접조사를 한다. 이를 통해서 서비스 환경, 서비스 과정, 서비스 결과, 사회적 만족, 전반적 만족 등을 측정하고 그 결과를 공단 홈페이지에 공개한다. 공단의 서비스에 대해 실제로 주민들이 체감하는 만족도와 비교해봐도 좋겠다. 만일 그 격차가 크다면? 구의회의 도움을 받아 보시라.

2017년 11월 행정안전부는 채용 비리 근절 및 재발 방지를 위하여 149개 지방공기업과 675개 지방 출자·출연기관을 대상으로 특별점검을 실시했다. 2개월간 시·도 감사관실과 공기업 소관과 등으로 자체 점검반을 합동 편성하여, 최근 5년간(2013~2017) 채용 업무 전반에 대해 채용 청탁·부당 지시 등을 특별 점검했다.

이보다 앞서 나는 서대문구의회 상임위에서 2016년 4월 중순부터 6월 말까지 실시한 공단 행정사무조사에 참여했던 적이 있었다. 당시 행정사무조사는 공단의 운영 사무 전반을 조사하여 문제점을 파악하고 그에 따른 시정 및 중장기적인 대안을 마련하고 공단 운영의 효율성과 책임성을 제고하여 주민 생활 편익 및 복지 증진에 기여하고자 실시하였다. 그 결과, 시정 요구 17건, 건의 17건, 수범 사례 2건 등이 지적됐다. 또한 행정사무조사위원회의 요청으로 구청 감사담당관의 종합감사도 실시됐고 그 결과, 총 46건의 지적 사례가 발견되었다. 공단이 운영하는 시설을 이용하는 게 불편하다면 우선 공단에 문의할 수 있다. 하지만 관련 제도나 예산 측면의 개선이 필요하다면 해당 의회의 상임위 의원과 상담을 해보는 방법도 추천한다.

11

골목길 전신주의 헝클어진 통신선을 정리하려면?

1887년 3월 우리나라 최초로 전기불이 점등되었다. 그 후 처음으로 당시 전기 조명 관련 미국기업이었던 GE General Electric 발전기로 전기를 생산하는 발전시설로부터 사용자까지 전기를 공급해야 하기 때문에 전선과 전주(전신주, 전봇대)가 반드시 필요했다. 전신주는 그렇게 세워졌고 시대가 발전하면서 전기와 통신, 방송 등을 유선으로 공급하기 위해 점차 더 많은 전신주가 전국 곳곳에 세워지기 시작했다. '전신주'라는 용어는 전기로 보내는 신호(전신) 기둥에서 비롯됐고 '전봇대'는 전보에서 온 말로, 전기로 보내는 소식 기둥이었다. 흔히 전신주, 전주, 통신주라고 구별 없이 부르고 있으나 이들의 뜻은 차이가 있다고 한다. 전신주는 '전력선과 통신주가 함께 가설돼 있는 것'으로 가장 많은 설치율을 보

이고 있고 전주는 '전력선만 가설돼 있는 것' 통신주는 '통신선만 가설돼 있는 것'이다.[60]

그러나 언제부터인가 우리 생활 주변에 난립하기 시작한 전신주가 통행 및 교통 불편을 초래하고, 미관을 저해할 뿐 아니라 각종 안전사고의 원인이 되기도 하는 등 천덕꾸러기로 전락하게 됐다. 또 전신주에 전기와 통신뿐 아니라 CCTV카메라, 각종 안내 표지판 및 불법으로 부착한 홍보 유인물 등으로 몸살을 앓기도 한다. 이 때문에 신도시나 대도시의 중심 거리는 전신주가 지하 공동구에 매설되는 등 도시미관 저해 요인을 차단하고, 안전사고 예방에도 크게 기여하고 있다.

정부는 제2차 공중케이블 정비 중장기 종합계획을 통해 2021년부터 2026년까지 5년간 도시 곳곳에 거미줄처럼 복잡하게 난립한 전선과 통신선을 정비하고 지중화하기로 했다. 1차 사업 후 제기된 공중케이블 전기사업의 효율화와 지중화 강화, 네트워크 기반 고도화 및 제도 개선에 대한 요구가 반영된 것이다. 1차 계획에서는 한국전력과 방송·통신사들이 1대 1로 매치됐다면 2차 계획에선 국가 아젠다인 한국판 뉴딜의 한 축인 그린 뉴딜의 일환으로, 중앙정부가 재정을 투입하고 지자체별로 인센티브를 부여해 적극적인 참여를 유도한다는 계획이다.

2차 사업의 핵심은 '지중화'로 공중에 있는 케이블을 그대로 유지할 경우 전선·통신선 난립으로 미관이 좋지 않을 뿐더러 효율적으로 운영할 수 없기 때문이다. '지중화 사업'의 경우 지자체의 수요 제기에 따라 추진되며 지자체와 한전·통신사업자가 비용을 50%씩 분담하도록 했다. 정부는 시민안전 위험지역과 전통시장 및 주택상가 지역에 대해서는 우선 정비할 것이다.

또 학교 주변 통학로 및 스쿨존을 대상으로 우선 추진하고 지중화가 가능한 관광특구, 축제장 등 다른 대상 지역도 적극 발굴해 나갈 계획이라고 한다. 정부는 지자체 협업 인센티브 시스템을 도입하고, 당초 인구 50만 이상 21개에서 27개 지자체로 확대했다. 지자체 참여 의지와 협조 정도를 평가해 사업 물량을 차등화하는 한편 적극적으로 협조하는 지자체에 우선 물량을 배정하기로 했다.

이와 관련 경기 화성시가 이번 공중케이블 정비 2차 중장기 종합계획에 포함되어 첫해 예산으로 43억 원을 확보하고, 거미줄처럼 얽혀 안전사고의 위험이 도사리던 공중케이블을 정비한다고 2021년 5월 초 밝혔다. 그동안 난립한 공중케이블 정비 필요성이 꾸준히 제기돼 왔으나 막대한 사업비가 걸림돌로 작용하면서 난항을 겪던 차에 돌파구가 열린 셈이다.

2021년 사업 대상지는 남양·발안만세·사강·조암시장 등 전통시장 4개소로, 보행 불편을 야기하거나 노후 전신주, 해지됐으나 철거되지 않은 통신선과 안전사고가 우려되는 전선 등이 정비 대상이다. 공중케이블 정비사업은 시민안전 확보뿐 아니라 전통시장 활성화에도 큰 도움이 될 것으로 기대되고 있으나 사후관리 역시 강화해야 한다. 정비 후에도 재난립하는 문제가 발생하고 있어 공중케이블 정비 효율화와 지중화 강화 등 제도 개선에도 더욱 힘써야 한다.

집행부뿐만 아니라 지역 곳곳을 누비는 지방의원들도 제도개선에 적극 나서야 한다. 결국 관련 사업예산을 심사하는 권한은 집행부가 아니라 지방의회에 있기 때문이다.

12

가로수가 상가 간판을 가려서 장사가 잘 안되는 것 같다면?

"의원님, 가로수 때문에 저희 가게 간판이 가려서 속상해요. 어떻게 방법이 없을까요?"

"네, 상가 위치가? …… 확인해보고 전화드리겠습니다."

P의원은 평소 동네 이곳저곳을 다니며 다양한 민원인을 만나기로 유명하다. 그러던 중 잘 관리되지 않은 가로수 때문에 영업상 손해를 입었거나 안전피해가 우려된다는 상인들을 만났다. 관련 규정과 현장 상황을 살펴본 P의원은 '철저한 가로수 관리'를 주제로 구청장에게 구정질문을 하기로 마음먹었다.

P의원의 구정질문 요지는 이랬다. 「서울특별시 가로수 조성

및 관리 조례」 제3조 제2호 별표1에 따르면, 자동차 전용도로 및 세종대로를 제외한 지역의 가로수 설치 및 관리업무는 구청장이 관리하도록 규정되어 있다. 그러나 들쑥날쑥 높이가 제각각인 가로수가 많고 심지어 거의 가로등 높이까지 자라서 인접 상가의 간판을 가리는 가로수들 때문에 주민피해가 있어 구청의 철저한 관리가 필요하다는 것이다.

지표면에서 가로수 정상까지의 수직거리를 '수고樹高'라고 한다. P의원은 가로수의 수고가 건물 1층 높이의 간판보다 낮아야 한다고 주장하는 것은 아니었다. 최소한 상가 2층이나 3층 정도 높이에 있는 간판이 보일 정도로 가로수의 수고를 정비할 필요가 있다는 것이다.

「서울특별시 가로수 조성 및 관리 조례」 제4조 제2항은 "관리청은 가로수 기본계획에 따라 관할 지역의 여건을 감안하여 1년 이내에 세부계획을 수립·시행하여야 한다."라고 규정하고 있다. 같은 조례 시행규칙 제7조 제1호에서는 '가로수 가지치기는 노선별, 구간별로 수관의 모양과 높이를 일정하게 유도'하도록 규정하고 있다.

특히 서울시에서 매년 봄에 실시하는 '가로수 가지치기 우수사례 경진대회'의 심사기준을 보면 가로수가 주변 경관과 어울리는 정도가 평가 항목인데, 보도폭, 상업·업무·주거지 등의 가로

유형, 주변 여건과의 어우러짐 등이 그 내용이다. 결국 P의원의 질문 요지는 하절기에 접어들면서 관내 가로수의 수고樹高가 인근 상가건물의 간판을 가려 피해를 주고 있지 않은지 구청에서 현장조사를 실시하고 그에 따른 신속한 조치를 해주기 바란다는 것이다.

P의원은 도로변 가로수 관리에 대한 주민들의 당부 사항을 덧붙이며 구정질문을 마쳤다. 「서울특별시 가로수 조성 및 관리 조례 시행규칙」 제13조 별표2에 따라 설치하는 철제로 만들어진 가로수 보호덮개가 일부 파손되어, 야간에 근처를 지나는 어린이나 노약자의 보행 안전을 위협하는 곳이 적지 않으니 소관 부서의 세심한 관심이 필요하다는 점이 그것이다. 관내에 설치된 가로수 관리시설물 중 이탈되거나 파손된 보호덮개를 앞으로 어떻게 점검하고 조치할지 구청장에게 그 계획에 대해 물었다.

구청장의 답변은 다음과 같이 긍정적이었다. "……주요 간선도로의 경우 통일성 및 고유한 수형 유지를 위해 우리 구에서만 과도하게 전지를 할 수 없는 실정이나, 일부 도로 표지판이나 신호등을 가리는 가로수와 가로수 가지가 과도하게 생장하여 상가간판에 저촉되는 가로수 등에 대하여는 선별적으로 가지 밀도조절 전지를 시행할 계획입니다. 금년도 현재까지 이탈 및 파손된 가로수 보호판 59개를 정비하였으며, 이탈된 보호판 재설치, 파손된 보호판 철거 후 흙채움, 보호판이 미설치 된 곳에 줄사철,

맥문동 등 초화류를 식재하여 빗물이 유입될 수 있도록 정비하였습니다. 앞으로 가로수로 인한 주민들의 피해나 안전사고가 발생하지 않도록 자체 인력 및 가용예산을 최대한 활용하여 지속적인 순찰 및 점검을 하는 등 가로수 유지관리에 만전을 기하겠습니다…….”라고 답하였다.

의원은 질문하는 사람이다. 집행부는 의원의 질문에 답변할 의무가 있다. 일상에서 답답하고 속상한 일이 있을 때 나를 대신해 질문해주는 지방의원은 그래서 소중하다. “인간의 본질은 대답이 아니라 질문이다”라는 에리히 프롬Erich Pinchas Fromm의 말은 지방의회에서도 유효하다.

13

내 집 앞 주차공간을 더 확보할 수는 없을까?

"남이섬 어때요? 기차로 가면……."

"기차요? 승용차로 가면……."

"그게……. 제가 자동차가 없고, 운전면허증도 없어요……."

2008년 여름, 아내와 결혼 전 처음으로 데이트를 제안했을 때였다. 그늘에 있어도 이마와 등줄기에 송골송골 땀이 맺히는 8월 초 어느날. 백마 탄 왕자는 아니라고 해도 사랑하는 이를 위해 에어컨 달린 승용차 정도는 대기시켜야 할 것 같았다. 하지만, 난 운전면허증이 없으니 어쩌란 말인가. 난감했다. 어찌어찌해서 아내의 넓은 아량(?) 덕분에 남이섬 첫 데이트를 무사히 했다. 대중교통을 이용한 '뚜벅이' 데이트였지만 좋았다, 나만의 착각인지 몰라도. 함께 탄 아기자기하게 생긴 코끼리 열차도 좋았고, 울창한 침엽수림 사이를 걸으며 TV드라마 속 주인공이 된 것 같은 기분도 좋았다. 그날 우리는 시원한 음료수 말고도 차가운 아이스크림을 여러 개 먹어야 했다.

운전면허증이 없고 집에 자동차가 없다보니 일상에서 내가 실감하지 못하는 일 중 하나가 주차 문제이다. 가끔 지인의 차로 인근의 음식점에 갔을 때 주차 공간이 부족해 난감해하는 모습을 지켜본 적은 있지만 강 건너 불구경이었다. 구의회로 이직하면서 주차 문제가 쓰레기, 공사 피해 등과 함께 동네 주민들이 자주 겪는 민원 유형이라는 것을 뒤늦게 깨달았다. 구체적인 사정은 다양하겠지만 주차 관련 문제는 결국 주차 공간을 더 확보해 달라는 요지로 수렴되지 않나 싶다. 거주자우선주차제도를 살펴보려는 이유이다.

거주자우선주차제는 런던, 파리, 암스텔담, 샌프란시스코 등 이미 심각한 주차 문제를 겪고 있는 많은 주요 도시들에서 시행 중인 제도로서, 우리나라에서는 1997년부터 서울시에 도입되어 현재는 서울시 전역과 일부 광역자치단체에서 시범 운영 중인 제도이다. 거주자우선주차제는 일정 지역내에서 요금징수와 함께 거주민에게 주차우선권을 부여하고 외부인의 주차를 억제하여 차고지 공급을 증대시키며, 허가된 주차구획 이외에 주차를 금지시키기 위한 제도이다. 긴급차량의 원활한 소통과 안정된 주차 공간의 사용으로 인한 이웃간 마찰 등을 해소하며 주택가 주차 질서를 확립하여 주차 걱정과 교통혼잡을 없애 쾌적한 교통생활 환경을 만드는 것이 제도의 취지이다.[61]

즉 거주자우선주차제는 주택가 이면도로의 원활한 교통 소통 및 주택난을 해소하고, 이면도로의 주차 질서를 확립해 지역 주민에게 안정적인 주차 공간과 편익을 제공하기 위한 것이다. 또 주택가 이면도로 등에 주차구획을 설정한 뒤, 유료화하여 인근 주민에게 우선적으로 주차 이용권을 부여하는 제도이다. '이면도로'란 일명 소방도로라고도 하며 「도시·군 계획시설의 결정·구조 및 설치기준에 관한 규칙」 제9조제2호하목의 소로1류(폭 10m 이상 12m 미만 도로), 소로2류(폭 8m 이상 10m 미만 도로), 소로3류(폭 8m 미만의 도로)에 해당하는 도로를 말한다. 폭 12m의 도로인 경우에도 통과 교통량이 많고 지역과 지역을 연결하는 광역적인 기능을 하는 경우에는 이면도로로 보지 않는다.

지역에 따라서 거주자 우선 주차 관리 주체가 다른 만큼 먼저 거주 또는 근무 지역의 시·군·구청 홈페이지를 방문하여 주차 관련 페이지를 본다. 그러면 거주자 우선 주차의 관리 주체와 연락처를 확인할 수 있다. 과거에는 거주자 우선 주차 관리 부서를 방문하여 신청서를 작성해야 했지만 지금은 대부분 관리 주체의 홈페이지에서 회원 가입한 뒤 온라인 신청을 하는 형태로 운영한다. 경차, 장애인 차량 등 요금 할인 대상인 경우 팩스나

메일로 추가 서류를 보내면 된다. 거주자우선주차구역을 만들기 위해서는 길의 너비가 충분해야 한다. 길의 너비에 문제가 있다면 거주자우선주차구역을 만들 수가 없다.

「주차장법」 제10조에 따라 구청장은 교통의 원활한 소통과 노상주차장의 효율적인 이용을 위하여 필요한 경우 전용주차구획 설치가 가능하고, 전용주차구획 설치시 그 내용을 미리 공고 또는 게시해야 한다. 「주차장법 시행규칙」 제6조의2에 따르면 전용주차구획 설치, 운영에 관하여 필요한 사항은 당해 지방자치단체 조례로 정하도록 규정하고 있다. 「주차장법」 제8조의2와 제10조에 따르면 주차구획을 지정받지 않은 차량이 타인 주차구획에 주차 시 견인하고, 「도로교통법」 제32조 및 제34조에 따르면 주정차금지구역에 주정차 시 과태료 부과 또는 견인한다. 그 밖에 거주자우선주차 시 필요한 신청서류나 절차, 운영 등에 대한 추가적인 사항은 지역의 도시관리공단 또는 시설관리공단 홈페이지를 참고하면 된다.

그나저나 '탄소 배출량을 줄일 수 있는 가장 효과적인 방법 1위가 아이 한 명 덜 낳기, 2위가 차 없는 생활하기'라는 언론보도[62]가 있던데, 나야말로 기후위기 시대에 최적화된 사람이 아닌가.

14

치워도 치워도…….
쓰레기 그리고 재활용 문제

잠깐! 읽기 전 풀어보는 분리배출 OX퀴즈

1. 일회용 종이컵은 재활용이 가능해서 종이류로 배출한다 □
2. 배달 음식 그릇을 덮은 랩은 비닐류로 배출한다 □
3. 페트병·캔류는 내용물을 비우고 헹군 후 분리배출한다 □
4. 칫솔·볼펜은 플라스틱으로 배출한다 □
5. 택배 상자에 부착된 송장 스티커와 테이프는 뜯어 일반 쓰레기로 버린다 □
6. 종이로 된 감자칩 통, 피자·치킨 상자는 종이로 배출한다 □
7. 과일을 감싼 과일 망과 포장재는 일반 쓰레기로 버린다 □
8. 실리콘 제품은 플라스틱으로 배출한다 □
9. 거울은 유리로 배출한다 □
10. 샴푸가 남은 샴푸 통은 통째로 플라스틱류에 배출한다 □

<정답>

1. × 2. × 3. ○ 4. × 5. ○ 6. × 7. ○ 8. × 9. × 10. ×

▷ 정답 8개 이상: 와우, 분리배출 고수 등장!

▷ 정답 5개 이하: 책을 읽고 다시 도전!

독자 여러분은 정답을 몇 개나 맞췄는가? 쓰레기와 재활용 문제는 지역 주민들이 제기하는 주요 민원 유형 중의 하나이다. 위의 퀴즈는 쓰레기를 연구하는 쓰레기 강사 홍수열의 저서《그건 쓰레기가 아니라고요》에 소개된 내용이다.

홍수열 강사는 "쓰레기 문제는 인간과 물질 간의 관계뿐만 아니라 사람과 사람 사이에서도 발생해요. 무한 경쟁의 시대에서 물질로 자신을 돋보이게 하려는 과시적 소비가 판을 치고 있는데요. 우리에겐 포용과 연대, 공감의 따뜻한 가치가 흐르는 사회가 더 중요합니다. 쓰레기 문제가 단순히 쓰레기에 그치지 않는 이유입니다."라고 강조한다.[63]

이런 배경에서 제품 등의 생산부터 유통·소비·폐기에 이르기까지 보다 효율적으로 자원이 이용되도록 관리하고, 폐기물의 발생량을 극소화시켜 환경부하를 줄이는 한편, 자원의 순환이용을 촉진함으로써 자원이 순환되는 사회의 기반을 구축하기 위하여 2016년 5월 「자원순환기본법」을 제정하여 2018년 1월부터 시행됐다.

도봉구에서는 쓰레기 줄이기와 자원재활용과 관련하여 1994년 3월 「서울특별시 도봉구 쓰레기 줄이기와 자원재활용 촉진에 관한 조례」를 제정하였다. 구청 홈페이지에 별도로 청소·쓰레기·재활용 메뉴를 만들어서 구민들의 편의를 도모하고 있다. 이에 따르면 종량제봉투, 생활쓰레기 처리, 재활용하기, 음식물쓰레기처리, 대형폐기물 배출, 소형 폐가전 배출, 정화조, 지정/건설폐기물 배출 및 허가, 무단투기 단속 등으로 콘텐츠가 자세하게 구성되어 있다.

지방의회에서 쓰레기 및 재활용 문제는 구정질문의 단골 소재이다. 서대문구의회의 경우 홈페이지 구정질문 메뉴에서 쓰레기를 키워드로 검색하면 2017년부터 2020년까지 보충질문을 포함해 구정질문이 무려 16회나 조회된다. 구의원들이 매년 평균 4회꼴로 쓰레기 관련 문세를 구청장에게 질문한 셈이다. L의원이 2020년 9월 했던 다음 구정질문 내용을 보면 쓰레기 문제의 심각성이 잘 나타나 있다.

'최근엔 1인가구 증가와 코로나19로 인한 사회적 거리두기 영향으로 일회용품 사용의 증가로 인해 국내 플라스틱 폐기물 발생량은 매년 10% 내외로 지속 증가하여 환경오염 문제는 더욱 가속화되어 가고 있다. (중략) 최근 서울디지털재단이 발간한 「1인가구 증가에 따른 일회용 플라스틱 배출 실태 분석 보고서」는 서울시 거주자 41명 대상으로 7일간 일회용품 배출량을 조사한 결과이다. 1인 가구가 배출한 일회용품은 하루 평균 30개로 조사됐고 이 배출량은 다인 가구에 거주하는 1인이 배출한 13개보다 2.3배가 많은 양으로 특히 스티로폼과 같은 일회용 포장재는 다인 가구보다 1인당 4.4배가 더 많았다. 또한 서울 거주 시민

1,000명을 대상으로 실시한 설문에 따르면 배달음식 주문 빈도는 코로나 발생 이전인 올 1월까지 월평균 3회였으나 코로나 발생 이후 4회로 약 1.4배 증가한 것으로 조사되었다. 이는 서울시 1인 가구 비율이 3.3%까지 증가한 데다 구독형 배달서비스 확산과 코로나로 인한 배달 증가 등 일회용품 소비량은 꾸준히 증가할 것으로 예상된다.' 그러면서 L의원은 「서울특별시 서대문구 쓰레기 줄이기와 자원 재활용 촉진에 관한 조례」를 근거로 쓰레기 줄이기와 재활용 촉진 기본계획 수립 여부 그리고 구청장의 환경 정책에 대한 비전이나 목표 등을 질문하였다.

그런데 이처럼 쓰레기 배출자의 입장만 살피면 문제가 전부 해결된 것일까? 2021년 3월 도봉구의회 행정기획위원회에 「서울특별시 도봉구 폐기물 관리 조례 일부개정조례안」이 회부됐다. 개정조례안은 일반용 종량제봉투 100ℓ의 제작 및 판매를 중단하고자 관련 근거를 정비하려는 취지였다. 환경부에 따르면, 100ℓ 종량제 봉투는 지침상 최대 25kg으로 배출하도록 되어 있으나 40kg 이상까지 배출되고 있어 규제가 필요하고, 무게만의 문제가 아니라 부피 역시 동양인 체형이 들기 힘든 것으로 나타났다.[64] 이에 따라 환경부는 100ℓ 종량제 봉투의 제작을 중단하는 한편, 환경미화원의 근골격계 보호[65, 66]를 위해 종량제 봉투의 무게 상한을 적용할 필요성과 봉투 표면에 중량 상한을 표기하는 등의 고려가 필요함을 강조하였다. 당시 개정조례안은 이러한 현실을 반영하기 위한 것이었다.

법제처 국가법령정보센터에 따르면 정부는 2018년 기준으로 우리나라의 산업재해로 인한 사고사망자 수가 연간 천여 명에 이르고 있고, 이는 주요 선진국보다 2배 이상 높은 수준으로서 산업재해로 인한 피해는 당사자뿐만 아니라 국가적으로도 큰 손실을 초래한다고 밝혔다. 이에 산업재해를 획기적으로 줄이고 안전하고 건강하게 일할 수 있는 여건을 조성하기 위하여 「산업안전보건법」의 보호 대상을 다양한 고용 형태의 노무 제공자가 포함될 수 있도록 넓히고, 근로자가 작업을 중지하고 긴급 대피할 수 있음을 명확히 규정하는 등의 요지로 「산업안전보건법」이 2019년 1월 15일 전부 개정되어 2021년 1월 16일 시행되었다.

2021년 3월 도봉구의회에 제출된 「서울특별시 도봉구 폐기물관리 조례 일부개정조례안」도 이런 사회적 분위기가 반영된 셈이다. 사회복지사의 처우가 개선되지 않고 질 좋은 사회복지서비스를 논하기 어렵듯이 환경미화원의 처우 개선은 청소행정의 기본이 아닐까 싶다.

그 밖에 상임위 심의 과정에서 도봉구의회 의원들은 개정조례안의 취지에 적극 동감하면서 쓰레기 민원처리, 가로정비 등 공공목적의 각종 환경정비 활동을 할 때 작업의 능률성과 편리성 때문에 부피가 큰 공공용 100ℓ 종량제봉투의 사용량이 50ℓ 이하의 봉투보다 월등히 많다는 의견도 제기하였다.

15

반려동물과 지방의회의 친밀한 관계?

2000년 개봉한 봉준호 감독의 영화 〈플란다스의 개〉를 재밌게 봤다. 개봉 당시엔 예고편만으로는 딱히 끌리는 지점이 없었다. 감독도 배우도 낯선데다가 난 어릴 적부터 개를 키워본 경험도, 키울 계획도 없었기 때문이다. 영화의 독특함과 재기발랄함을 느끼고는 진작 봤으면 좋았겠다는 생각이 들었다. 점점 늘어가는 강아지 실종 사건을 축으로 다양한 인물들의 만화같은 캐릭터가 흥미로웠다. 지금도 몇몇 장면이 생각나는데, 아파트 사방에 강아지를 찾는 전단이 붙어있고 거기에 "특징: 성대수술로 짖지 못함"이라고 써있던 장면도 인상적이었다. '근데, 꼭 성대수술까지 해서 개를 키워야 하나…….'라고 혼자 생각했다.

2021년 7월 19일, 법무부에서 동물에게도 물건이 아닌 별도의 법적 지위를 부여하는 민법 개정안을 입법예고했다. 현행 민법 제98조에 '동물은 물건이 아니다'라는 제2항을 넣기로 한 것이다. 동물이 인간의 입맛대로 휘둘러도 되는 대상이 아니라 생명과 감정을 지닌 존재라는 것을 인정하는 건 우리 사회가 한 걸음 앞으로 나아가는 바람직한 변화가 아닐 수 없다. 이번 개정안을 통해 동물 학대나 유기에 대한 처벌도 강화되고, 또 반려동물이 다른 사람에게 피해를 입었을 때도 재물손괴가 아닌 위자료를 청구할 수 있는 등 실질적인 변화가 생길 것으로 보인다.

농림축산식품부의 「2019년 동물보호에 대한 국민의식조사」 결과에 따르면, 반려동물을 기르고 있는 가구는 591만 가구(전국 2,238만 가구 환산시)로 2018년 511만 가구 대비 80만 가구가 증가했다. 개는 495만 가구에서 598만 마리를, 고양이는 192만 가구에서 258만 마리를 기르는 것으로 나타났다. 국민의 60% 이상은 반려견 안전관리 의무를 준수하는 것으로 파악된다. 외출 시 목줄·인식표 착용, 배설물 수거 등 반려견 소유자가 지켜야 할 준수사항을 지키고 있는 사람은 62.9%로 나타났다.[67]

지방의회에서도 반려동물, 동물복지, 동물권 등의 용어를 사용하는 것이 더 이상 낯설지 않다. 도봉구의회 H의원은 맹견 관리에 대한 근거를 조례에 마련하고자 2021년 3월 「서울특별시 도봉구 동물 보호 및 복지 조례 일부개정조례안」을 대표로 발의했다. 이에 따르면 구청장은 맹견이 사람에게 신체적 피해를 주는 경우 소유자 등의 동의 없이 맹견에 대하여 격리조치 등 필요한 조치를 취할 수 있고, 맹견의 소유자는 맹견으로 인한 다른 사람의 생명·신체나 재산상의 피해를 보상하기 위하여 법에 따라 보험에 가입하여야 한다. 이는 「동물보호법」에 일부 명시된 내용이지만 조례로 규정하여 반려동물과 관련된 주민들의 의식수준을 제고하고 집행부에게 관련 정책을 적극적으로 펼칠 것을 강조하는 취지였다.

서대문구의회 C의원은 2020년 12월 구정질문을 통해서 반려동물과 동물복지 등을 공개적으로 강조했다. 질문 내용을 보면 25개 서울 자치구 중에 19개 구에서 운영 중인 동물정책팀을 서대문구청도 신설하도록 제안한 점, 동물정책팀이 있음에도 불구하고 강동, 서초, 노원에는 반려동물센터가 설립된 점, 길고양이 집 개선사업, 반려동물 교육 운영사업, 동물행동교정 지원사업, 반려동물축제, 반려견 놀이터 운영 등을 강조한 점, 영상자료를 통해 관내 길고양이 급식소를 보여주고 시설 확충을 제안한 점 등이 인상적이었다.

구청장도, 구의원도 주민들의 투표로 선출된다. 구청장 혼자서 자치구의 모든 행정과 사업을 챙기기는 쉽지 않다. 서울시 자치구의 경우 천 명이 넘는 공무원들이 최소 수천억 원의 예산을 집행하며 구청장의 지휘 감독을 받고 있다. 그렇더라도 기초자치단체 행정과 정책의 성패를 단체장한테만 맡기는 것은 어딘가 허전하고 부족해 보인다. 그런 의미에서 주민들의 대표인 지방의회가 방대한 지방행정을 점검하고 주민들의 눈높이에서 정책을 리드하는 것은 중요하다. 혹시 애니메이션 〈마이펫의 이중생활The Secret Life of Pets〉 속 동물들처럼 여러분의 반려동물도 그렇게 원하고 있지 않을까? 아님 말고.

16

국민에서 주민으로? 주민자치회와 주민참여예산제!

"엄마, 법학과랑 자치행정학과 중에 어디가 더 좋을까요?"

"자치행정학과가 어떻겠냐? 앞으로 지방자치가 된다던데……"

90년대 초반 대학 전공 선택을 두고 고민하던 내게 어머니는 생뚱맞게(?) 자치행정학과를 말씀하셨다. 평소에 뉴스를 열심히 챙겨보시는 어머니인 줄은 알았지만, 어머니 입에서 지방자치라는 용어가 나올 줄은 상상도 못했다. 대학을 다녀본 적이 없는 어머니는 자치행정학과의 커리큘럼은 몰랐어도 큰아들이 고향에서 공무원으로 일하는 막연한 바람을 가지셨던 것 같다. 20여 년이 지나 지방의회에서 일하고 있으니 의도치 않게 먼 길을 돌아온 셈이다.

프랑스의 정치학자이자 정치가인 알렉시스 드 토크빌Alexis de Tocqueville은 "민주주의는 모든 사람이 정치의 주체가 되게 하고 정치적 권리를 넓혀주는 체제"라고 강조했다. 우리나라는 지방자치제 부활의 일환으로 1991년 3월 26일 구·시·군의 기초의회 의원 선거와 6월 20일 시·도의 광역의회 의원 선거가 실시되었다.

학자들에 따르면 한국은 100여년간 '국민'은 있으나 '시민'은 존재하지 못하였다고 한다. 국익에의 헌신을 강조한 수직적 관계만 강조되어 이웃과 공동체를 배려하는 수평적 관계를 형성하는데 소홀하였고, 국력 신장과 국가안보라는 국가중심주의 속에서 '시민성'의 토양은 척박할 수밖에 없었다고 한다. 지금 우리에게 필요한 시민은 국가중심주의에 대한 문제의식과 저항감을 가진 시민사회 중심적 시민이다. 인권과 기본권, 시민권의 발전과 확대를 위해 적극적으로 행동하는 시민, 이와 동시에 일국 시민의 정체성에 안주하지 않고 지방시민, 지역시민, 세계시민 등의 다중 정체성을 추구하는 시민 역시 요구된다.[68]

이러한 배경에서 주민참여는 대의민주주의제도를 보완하거나 발전시키는 역할을 한다. 의회제도가 주민의 의사를 충분히 반영하지 못하거나 대표와 주민들 사이에 괴리가 생길 때 주민이 직접 지방행정에 참여함으로써 자신의 문제를 자기 책임으로 처리할 수 있게 함으로써 대의민주제의 약점을 보완한다. 가장 대표적인 제도가 주민자치회와 주민참여예산제이다.

주민자치를 실현하기 위한 노력으로 2010년 10월 「지방분권 및 지방행정체제 개편에 관한 특별법(약칭: 지방분권법)」이 제정되어 주민자치회 도입을 위한 법적 근거가 마련되었다. 2013년 5월 지방분권법을 통해 지방행정체제 개편의 기본 방향을 제시하고 새로운 주민자치기구로서 주민자치회의 설치 근거를 명시하였다. 이에 따라 행정안전부는 2013년 7월부터 전국 지방자치단체 중 31개 읍·면·동을 선발하여 주민자치회 시범사업을 실시하였으며, 현재는 전국 읍·면·동으로 확대하여 추진 중이다.

주민자치회는 지방분권법을 근거로 풀뿌리자치의 활성화와 민주적 참여의식을 높이기 위하여 읍·면·동 단위의 주민으로 구성되는 새로운 형태의 주민자치조직이다. 즉 주민 중심의 지역 공동체 활성화 및 지역발전을 도모하고자 읍·면·동 단위별로 구성하는 새로운 형태의 주민자치조직을 말한다.[69] 주민자치회는 기존의 주민자치센터를 구성하는 임의 조직인 주민자치위원회와는 다른 개념으로 법률에 근거한 새로운 조직을 설치하여 행정사무를 위탁할 수 있게 하는 것이다.

주민참여예산제도는 정부의 고유 권한으로 인식하고 있던 예산의 편성 권한을 주민과 공유하도록 하여 예산사업의 우선순위를 주민이 직접 참여하여 결정할 수 있도록 하는 제도이다. 2003년 행정자치부는 지방 예산편성 지침에서 주민참여예산제도를 권장하였고, 같은 해 광주광역시 북구에서 지방자치단체 최초로 주민참여예산제를 도입하였으며 2004년 최초로 주민참여예산조례를 제정하였다. 2011년 「지방재정법」이 개정되면서 주민참여예산제도가 전국 지방자치단체에 의무적으로 시행[70]되었고 서대문구도 2011년 6월 주민참여예산제 운영 조례를 제정하였다. 주민참여예산제도가 의무화된 배경에는 민주주의와 지방자치의 정착과 성숙이 필연적으로 주민참여 욕구의 활성화를 기본으로 하기 때문이다.[71]

17

옆집 건축공사로 짜증이 난다면?[72]

A씨(남성, 60대)는 요즘 억울해서 잠을 잘 수가 없다. 집 앞에 있는 폭 10m 도로 건너편의 공사 때문이다. 쿵, 쾅, 쿵, 쾅. 낡은 2층 주택을 허물고 4층 다가구주택을 짓기 위해 지하터파기를 하는지 바닥을 내려치는 둔탁한 기계음이 하루 종일 들린다. 본인의 집 담장과 벽에 생긴 균열이 그 진동 때문에 생긴 것만 같다. 예전보다 조망도 나빠질 게 뻔했다. 참다못한 A씨는 다가구주택 공사 관계자를 만나 따졌지만, '적법하게 허가받고 공사하는데 무슨 상관입니까?'라는 퉁명스런 대답만 들었다. A씨는 공사 관계자의 고압적인 말투에 더 화가 났다. 시간이 지나고 건물의 외형이 점점 드러나면서 A씨의 시름은 더욱 깊어졌다. 집값도 예전만 못할 것 같기 때문이다.

A씨의 사례는 전형적인 건축물 공사로 인한 피해 분쟁이다. 안타깝게도 우리 건축법은 공사 피해에 관한 세세한 규정을 두고 있지 않다. 공사 피해 보상은 「건축법」보다 「민법」으로 다퉈야 할 경우가 많기 때문이다.

대체로 공사피해 민원은 금전보상을 얼마로 할 것인가로 귀결되기 때문에 건축허가 담당공무원들은 공연히 개인 사이 분쟁에 휘말릴까 염려한다. 공사를 의뢰한 건축주는 현금보상을 최소한으로 하면서 균열이 생긴 부위를 보수해주는 정도에서 마무리하고 싶어 한다. 반면 공사 피해를 주장한 쪽은 정신적·경제적 피해보상 차원에서 아예 본인의 집을 매입하라는 '센' 요구를 할 때도 있다. 물론 이럴 경우 양쪽의 합의는 불가능하다.

공사 피해를 주장하는 민원인이 한두 사람이면 그나마 나은 편이다. 만일 공사장 주변의 대여섯 가구부터 수십 가구 이상에 이르기까지 공사 피해를 주장한다면 양상은 훨씬 복잡해진다. 공사 피해의 내용과 정도가 집마다 다른데도 저마다 높은 보상금액만 얘기할 뿐 적법하게 허가를 받고 공사 중인 건축주가 지불가능한 보상금 총액을 너무 높게 생각한다. 건축주와 원만히 합의하기 어려운 이유이다. 특히 피해 원인이 객관적으로 입증되지 않은 상태라면 합의는 더욱 어렵다.

공무원 역시 답답하긴 마찬가지. 민원인이 주장하는 피해가 건축물 공사로 인한 것인지도 모르면서 무턱대고 보상금액을 정해주기도 어려울 뿐더러, 양측 모두로부터 욕을 듣기 때문이다. 공무원이 건축주의 입장만 두둔한다거나 '브로커' 역할을 한다는 비난부터, 내 돈 내고 법대로 건물 짓는다는데 뭐가 문제냐는 말까지…… 난처한 상황이 이어진다. 시·군·구청에 공사 피해 민원을 제기한 국민들이 가장 많이 듣는 답변이 '억울하면 소송하세요'라는 말인 이유이다. 민원인들은 공무원들의 이런 말이 무책임하게 들려 더 화만 날 뿐이다. 민원인은 '인·허가를 내준 공무원이 왜 아무런 책임이 없다는 건지…….'라고 생각한다.

공사 피해 분쟁이 소송까지 확대되는 배경에는 이러한 복잡한 이해관계와 건축법의 한계가 얽혀있다. 우리 건축법이 건축물의 높이 제한을 규정(건축법 제60조~제61조 등)하고 있기는 하다. 햇빛과 시야 확보를 위한 건축물의 높이 제한 규정(건축법 제61조)이 그것이다. 그러나 이는 특별한 사정이 없다면 주거지역(전용·일반)에만 적용되므로 '최소한의 기준'에 불과하다. 이를테면 내 집이 용도지역상 상업지역이나 공업지역에 있다면 건축법상 일조권 보호대상이 아니라는 뜻이다.

그렇다면 공사피해 분쟁을 어떻게 해결하는 것이 좋을까? 결론부터 말하면, 건물을 짓는 사람과 피해를 주장하는 사람 사이의 다툼이므로 민사적으로 해결할 수밖에 없다. 앞에서도 살펴보았듯이 사법권이 없는 행정관청이 개입하여 어느 쪽 손을 들어주기가 쉽지 않다는 의미이다. 답변이 실망스러운가? '행정관청이 건축허가를 잘못 내서 피해를 입히는 것 아닌가?'라고 생각할 수도 있다. 하지만 개인 간 재산권 분쟁에 어디까지 공권력을 개입시킬 것인가는 사회적 합의의 차원이다. 건축공사를 하려는 건축주도 엄연히 재산권 행사의 권리가 있기 때문이다.

그렇다면 지방의회에서는 공사피해 민원에 대해 어떤 역할을 할 수 있을까? 여러분이 민원인이라면 위에서 소개한 각각의 공사피해 분쟁 해결방법에 대한 집행부의 처분을 살펴보도록 지방의원에게 도움을 요청할 수 있다. 건축법령에서 건축 절차 등을 워낙 구체적으로 규정하고 있어 건축 조례는 별도로 없다. 자치구에서 건축 관련 조례가 「건축물 관리 조례」나 「건축안전특별회계 설치 및 운용 조례」 정도만 운영되는 이유이다. 물론, 서울시 도봉구에서는 「서울특별시 도봉구 생활소음·진동 및 비산먼지 저감 실천에 관한 조례」를 2021년 10월 제정·시행하였고, 서울시 강남구에서는 조례보다 하위 단계인 훈령으로 「서울특별시 강남구 동 건축민원 조정위원회 운영 규정」을 시행하고 있다. 구청장과 의회의 관심과 의지에 따라 공사피해 민원을 사전에 예방할 수 있는 다양한 방법을 검토할 수는 있다.

18

EM을 아세요?

EM(Effective Microorganisms)은 유용 미생물군의 약자로써 유산균, 광합성균, 효모균을 주균으로 하여 인간과 환경에 유익한 미생물을 조합, 배양한 미생물복합체를 말한다. EM은 미생물 균들 간의 복잡한 공존·공생 관계를 통해 발효 생성물인 항산화물질을 만들어내게 되는데 악취제거, 수질 정화, 금속과 식품의 산화방지, 남은 음식물 발효 등에 탁월한 효과가 있는 것으로 알려져 있다.[73] 그 활용범위가 점차 확산되고 효과가 입증됨에 따라 일본을 비롯한 아시아 국가와 전세계 143개국에서 EM을 다양한 분야에서 사용하고 있다. 우리나라에서도 환경 분야에서 수질 정화, 악취제거, 유류 분해, 음식물쓰레기의 유기 퇴비화, 새집증후군의 예방 등 다양한 방면에 활용되고 있다.[74] 최근에는 구제역과 조류인플루엔자 매립지역 축산시설 음식물쓰레기 처리시설, 하수처리시설 등 현장에서 악취물질을 저감하기 위한 유용미생물 제제의 활용 사례가 증가 추세에 있다.

서울시 도봉구는 도봉동 353-4번지에 '도봉EM센터'를 세워 EM 발효액을 주민에게 무료로 나눠주고 있다. 도봉EM센터는 2,000ℓ 크기의 EM 배양기 2대를 갖추고 있어 5일이면 4,000ℓ의 발효액을 배양할 수 있다. 구는 이 발효액을 14개 동주민센터에 설치된 400ℓ들이 공급기에 매주 공급한다. 서대문구에서도 2017년 6월부터 동 주민센터에서 매주 수요일 EM 발효액을 1인 1회 1.5ℓ 무상으로 수령할 수 있다. 이에 발맞춰서 도봉구에서는 2020년 10월 「서울특별시 도봉구 친환경 유용미생물 생산 및 공급 조례」를 의원 발의로 제정하였다. 참고로 2020년 10월 초 기준, 국가법령정보센터 검색 결과에 따르면 전국적으로 약 80여 지자체에서 관련 조례를 시행 중이고, 대부분의 서울시 자치구에서 내부방침으로 유용미생물을 무상 배포하고 있으며, 유일하게 강동구에서 2019년 11월 관련 조례를 제정하였다.

19

세상은 넓고 민원은 많다?

K씨는 서울 ○○동에서 작은 걸레공장을 운영하는 사장이다. 말이 좋아 사장이지 그는 천막과 블록벽돌로 지은 30년 쯤 된 낡은 공장건물에서 일한다. 관할 구청은 걸레공장이 무단으로 증축됐다며 K씨에게 건축법상 이행강제금을 부과했다. K씨는 이의신청을 했고 법원은 K씨의 손을 들어주어 그 해 부과된 이행강제금은 취소되었다. 억울한 일은 그 다음부터였다. 소송 후 구청 담당자가 바뀌고 K씨에게 이행강제금이 다시 부과된 것이다. 그것도 몇 년씩이나. 구청의 후임자가 재판 결과 등을 꼼꼼하게 확인하지 못한 것이다. 영문도 모르는 K씨는 이행강제금 납부를 거부했고 급기야 그의 통장까지 압류됐다. 거의 매일 구청을 드나들던 K씨는 국민권익위원회에 통장 압류만이라도 풀어달라며 민원을 접수했다.

공무원의 업무는 문서로 시작해서 문서로 끝난다고 해도 과언이 아니다. 호랑이는 죽어서 가죽을 남기고 공무원은 죽어서 문서를 남긴다는 우스개 소리가 있을 정도다. 그러나 공문서에도 오류는 있다. 사실관계 파악이나 개정된 법률 등을 미처 챙기지 못했을 수도 있고 인사이동 이후 업무 인수인계가 세심하게 이뤄지지 못했을 수도 있다. 위 사례는 후자에 해당했다.

이처럼 민원이 생겼을 때 지방의원은 어떤 수단을 사용할 수 있을까? '권리 위에 잠자는 자는 구제할 수 없다'는 유명한 법언처럼 똑똑한 지방의원이라면 자신의 고유한 권한을 십분 활용할 줄 안다. 집행부의 정책이나 각종 사업은 형태만 달라질 뿐 여러 가지 모습으로 의회에 등장한다. 지방행정의 특성상 단체장의 관심사업이나 공약사업 등과 같은 특정사업은 연중 업무보고, 결산심사, 행정사무감사, 예산안 심사 과정 등에서 반복적으로 의회에 보고되곤 한다. 의원이 개별적으로 소관 부서와 협의하는 방법 외에 이러한 의사일정 자체가 곧 의원의 권한이자 무기가 될 수 있다. 따라서 의회의 연중 의사일정을 고려해 집행부를 압박할 수단을 동원할 필요가 있다. 회기마다 본회의에서 행사할 수 있는 5분 자유발언이나 연중 2~3회 있는 구정질문을 십분 활용해야 한다. 의원이 관심을 갖는 사안을 공개적으로 발언하여 공론화할 수 있기 때문이다. 그것과 별개로 민원 분석을 위해 다음과 같은 질문을 던져보자. 문제(민원의 요지)가 무엇인가? 민원 해결을 통해 무엇을 얻을 수 있나? 소관 부서의 의견(입장)과 근거는 무엇이고 과연 타당한가? 민원과 관련된 감사나 소송이 진행 중인가?

2017년 국민이 중앙부처나 지방자치단체 등에 제기한 민원은 310여만 건에 이른다. 특히 전년도와 비교할 때 34.5%가 증가되어(2016년 230만 건 → 2017년 310만 건), 2010년 이래 가장 높은 상승률을 나타내고 있다. 이는 새 정부 출범에 따른 높은 기대감과 시민의 권리의식 성장, 지방자치단체 민원시스템의 국민신문고 통합 확대 등이 주요 원인으로 판단되며, 행정 기관의 정책 수립에서부터 평가까지 국민의 관심과 참여가 일상화되었다는 의미이기도 하다. 2017년에는 세종과 서울을 포함하여 총 9,658건을 상담·안내하였다.[74]

「민원 처리에 관한 법률」 제2조에 따르면, 민원이란 민원인이 행정기관에 대하여 처분 등 특정한 행위를 요구하는 것을 말하며, 그 종류는 일반민원과 고충민원이 있다. 일반민원은 다시 법정민원, 질의민원, 건의민원, 기타민원으로 나뉜다. 법정민원이란 법령·훈령·예규·고시·자치법규 등에서 정한 일정 요건에 따라 인가·허가·승인·특허·면허 등을 신청하거나 장부·대장 등에 등록·등재를 신청 또는 신고하거나 특정한 사실 또는 법률관계에 관한 확인 또는 증명을 신청하는 민원이다. 질의민원이란 법령·제도·절차 등 행정업무에 관하여 행정기관의 설명이나 해석을 요구하는 민원이다. 건의민원이란 행정제도 및 운영의 개선을 요구하는 민원이다. 기타민원이란 법정민원, 질의민원, 건의민원 및 고충민원 외에 행정기관에 단순한 행정절차 또는 형식요건 등에 대한 상담·설명을 요구하거나 일상생활에서 발생하는 불편사항에 대하여 알리는 등 행정기관에 특정한 행위를 요구하는 민원이다. 고충민원이란 「부패방지 및 국민권익위원회의 설치와 운영에 관한 법률」 제2조제5호에서 정한 바와 같이 행정기관 등의 위법·부당하거나 소극적인 처분(사실행위 및 부작위를 포함) 및 불합리한 행정제도로 인하여 국민의 권리를 침해하거나 국민에게 불편 또는 부담을 주는 사항에 관한 민원(현역장병 및 군 관련 의무복무자의 고충민원을 포함)을 말한다.

끝으로 지방자치단체마다 설치된 '민원조정위원회'나 '구정(또는 시민) 옴부즈맨' 제도를 적극 활용하도록 권하고 싶다. 특히 옴부즈맨 제도는 그 지자체의 국민권익위원회와 같은 역할을 할 수 있다. 다만 홍보가 안 된 탓인지 주민들이 이런 제도를 모르는 경우가 대부분이다. 심지어 지방의원조차 지역민원이 있을 때 이런 제도를 활용할 생각조차 못하고 있는 현실이다. 물론 개인과 개인 간의 분쟁이나 이미 소송 등으로 결정이 난 사안 등은 민원조정위원회나 옴부즈맨에서 다룰 순 없다. 하지만 행정기관의 처분에 대한 부당 여부를 다투는 사안이라면 시간과 비용이 많이 드는 소송보다 민원조정위원회나 옴부즈맨 제도의 도움을 받는 것이 훨씬 좋지 않겠는가. 세상은 넓고 민원은 많으니까 말이다.

4장

구의회에 대한 이모저모

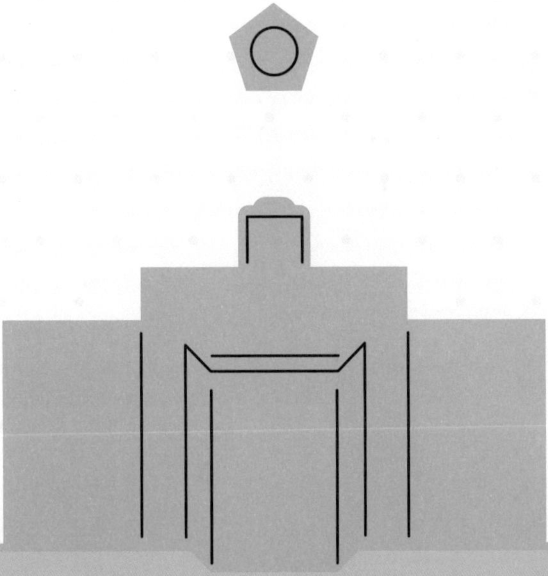

01

구의회의 조직은 구청과 뭐가 달라요?

흔히 '직제표'라고도 하는 '조직표'는 조직을 이해하는 데 유용하다. 조직표에 표시된 각 부서의 명칭과 그 조직상의 상하관계를 보는 것만으로도 부서별 특성과 업무영역을 대충 이해할 수 있다. 어느 조직이나 업무에 따라 권한과 책임이 다르게 인력을 구성한다. 언뜻 보면 조직표에서 각 부서의 이름 정도만 훑기 쉽다. 조직표에는 의외로 여러 가지 정보가 숨겨져 있다. 지방의원뿐만 아니라 지역 주민들도 의회 상임위별로 주로 담당하는 소관 부서가 어디이고 관련 업무가 무엇인지 기억해두면 민원을 보다 신속·정확하게 대응할 수 있다. 화살을 내가 원하는 과녁에 많이 맞추려면 정확한 조준이 그 첫 단추이기 때문이다.

지방의회는 주민이 직접 선출한 지방의원으로 구성된다. 의장, 부의장을 무기명투표로 선출하고, 의장은 의회를 대표한다. 지방의회는 조례가 정하는 바에 따라 위원회를 둘 수 있다. 위원회는 상설되어 있는 상임위원회와 특정한 안건을 심사하기 위해 한시적으로 구성되는 특별위원회가 있다. 지방의회는 의회의 사무를 처리하고 위원들의 회의활동을 보조하기 위하여 조례로 정하는 바에 따라 사무기구를 두고 있다. 시·도의회는 사무처를 두고 시·군·구의회는 사무국(과)을 두고 있다. 2020년 하반기 기준으로 도봉구의 인구는 329,560명이고, 행정인력 현황은 구청 819명, 구의회 27명(구의원 총 14명), 동 주민센터 272명, 보건소 130명 등이다.[76]

늘 바쁘기만 한 의원들에게 사무국의 역할은 더할 나위 없이 중요하다. 재산등록부터 자동차 과태료 면제, 안건 관련 자료제출 요구, 구정질문 자료 준비, 회의 일정 조율 등에 이르기까지 의원의 의정활동을 가장 가까이에서 보좌한다. 의정활동 경력이 짧은 초선 의원일수록 의회사무국에 의존하는 정도가 클 수밖에 없다. 의회사무국의 직제는 광역의회와 기초의회가 다르고 의원 정수에 따라 조금씩 다르다.

의회 사무직원은 당해 지방자치단체의 지방공무원이므로 「지방자치법」, 「지방공무원법」 등에서 집행기관의 공무원과 동일한 적용을 받는다. 특히 이제까지 의회 사무직원은 의회 의장의 추천에 의하여 당해 지방자치단체장이 임명하며 사무직원의 정수는 조례로 정했다. 하지만 1988년 전부개정 이후 32년 만에 지방의회 역량 강화와 책임성 확보 등 자치분권 확대를 내용으로 하는 「지방자치법 전부개정법률안」이 2020년 12월 9일 국회 본회의에서 의결되어 2022년 1월 13일 시행되었다.

이에 따르면 지방의회마다 '정책지원 전문인력'이 도입되고, 지방의회 소속 공무원에 대한 임용권을 지방의회 의장에게 부여한다. 2021년 7월 기준으로 행정안전부의 지방자치법 전부개정에 따른 시행령이 확정되지 않았고, 서울시의회 등 광역의회마다 인사지침이나 조례가 정비되지 않아 구체적으로 어떤 변화가 생길지는 단정하기 어렵지만, 지방자치와 지방의회의 역사에 새로운 장이 열리는 계기가 된 것은 분명한 것 같다.

02

코로나19 상황에서 구의회는 무슨 일을 하나요?

지방자치단체의 적극적인 행정과 협력적 경쟁은 코로나19 대응 과정에서 지방행정에 대한 신뢰와 분권의 효용을 확인하는 계기가 되었다는 평가가 있다.[77] 예를 들면 드라이브 스루, 착한 임대료 운동, 생활치료센터 등은 모두 지방정부(드라이브 스루: 고양시·세종시, 착한 임대료 운동: 전주시, 생활치료센터: 대구광역시)에서 주도적으로 실천하여 중앙정부로 확산한 정책 사례이다. 중앙정부는 지방정부의 의견 수렴을 기초로 개학 연기, 사회적 거리두기 연장 등의 신속한 의사결정 및 제도 개선을 추진하였다. 또한 지방정부 단위에서 기초 역학조사 및 방역조치를 실시하고 질병관리청에 조치사항을 보고하는 선조치 후보고 체계로 전환하여 감염병에 신속하게 대응할 수 있도록 하였다.

지방의회가 위기상황에서 존재감을 보이는 방식은 예산안 및 조례안 심사, 본회의에서 5분 발언 등 의회와 의원의 고유권한 행사를 통해서다. 우선 코로나 방역 및 사회적 거리두기 관련 소상공인 업종별 규제지침 마련 건의를 위한 의원의 5분 발언이 있다. 2021년 10월 전후까지는 획일적인 21시 영업 제한이 심야시간 영업이 활발한 노래방 등에 큰 타격이라는 소상공인들의 애로사항을 구의원이 대변하였다. 동네 소상공인들과 수시로 직접 교류하는 구의원이기 때문에 가능한 발언이 아닐 수 없다. 그 밖에도 코로나19 관련 소상공인을 지원하기 위한 지방의회의 사례는 많다. 양주시의회의 임대료 감면 대책 촉구 결의문 발의, 동대문구 영세소상공인 연 0.8% 저금리 115억 원 긴급대출 등을 비롯해 서울시의 재난관리기금 조성을 위한 3천억 지방채 발행 동의안을 서울시의회가 심사하였고, 2022년 설 명절 전 지급을 목표로 파주시는 소상공인 긴급생활안정지원금 100만 원을 지급하였다.

한편 서울시 D구의회는 2021년도 예산안 심사시 소상공인들의 열악한 상황을 감안하여 염치없는(?) 집행부를 비판하고 예산을 삭감한 사례가 있다. 후생복지비용 명목으로 퇴직자 포상금 50만 원을 200만 원으로 증액하려는 안을 구의회가 삭감한 것이다. 예산결산특별위원회의 심사 기간 중 집행부 노조원들이 회의실 복도에서 피켓 시위를 할 정도로 강하게 저항했지만 결국 구의회가 50% 인상 수준에서 삭감하여 조정했다. 그뿐만이 아니라 동네의 각종 행사성 축제들이 취소되자 이를 비대면으로 변경하도록 관련 예산을 삭감하여 예산절감을 유도한 것도 구의회의 공이다. '잘 키운 지방의회, 열 국회 안 부럽다'고 주민들이 자신있게 말할 수 있는 날이 오길 희망한다.

03

구의원은 몇 명이에요?

시·도의원 정수는 「공직선거법」에 의해 그 관할구역 안의 지방행정구역을 기준으로 정한다. 시·군·구의회 의원 정수는 법에서 시·도별로 총 정수를 정한 후에 지역의 인구 및 대표성을 감안하여 시·군·구의원 선거구획정위원회에서 정한다.

지방의원 중 비례대표제 의원은 구의원 정수의 10%를 선출한다. 비례대표제 의원은 유효 총투표수의 5/100 이상을 득표한 정당에게 배분하는데, 배분 방법은 각 정당이 선거에서 얻은 득표비율에 의한다. 그리고 자치단체의 종류가 다양하고 규모 또한 많은 격차가 있기 때문에 자치단체 간의 균형을 위하여 의원정수의 하한제를 도입하고 있다. 2021년 8월 초 기준, 지방자치단체의 지방의원 정수와 서울시 자치구의회의 구의원 수는 다음 표와 같다.

지방자치단체의 지방의원 정수

구분		광역의원 정수	기초의원 정수	
			기초자치단체 수	의원 정수
전국(총계)		824(87)	226	2,927(386)
서울특별시		110(10)	25	369(54)
광역시 (세종시)	부산	47(5)	16	182(25)
	대구	30(3)	8	116(14)
	인천	37(4)	10	118(16)
	광주	23(3)	5	68(9)
	대전	22(3)	5	63(9)
	울산	22(3)	5	50(7)
	세종	18(2)	-	-
도	경기	142(13)	31	447(57)
	강원	46(5)	18	169(23)
	충북	32(3)	11	132(16)
	충남	42(4)	15	171(26)
	전북	39(4)	14	197(25)
	전남	58(6)	22	243(32)
	경북	60(6)	23	284(37)
	경남	58(6)	18	264(36)
	제주	43(7)	-	-

* 지방의원 정수는 비례대표 의원정수 포함, ( )의 숫자는 비례대표 의원정수임.
* 제주특별자치도는 특별법에 따라 교육의원(5인)이 있고, 시 · 군 · 구의회가 구성되어 있지 않음.
* 재인용: 최민수, 지방의회운영 제8차 개정판, 제윤의정 학술연구소, 2018년 7월 1일, pp.76~77

서울시 자치구의회 구의원 현황(2022년 1월 기준)

연번	구의회	총계	지역구의원	비례대표의원
1	강남구	24	21	3
2	강동구	17	15	2
3	강북구	14	12	2
4	강서구	22	19	3
5	관악구	20	17	3
6	광진구	14	12	2
7	구로구	14	12	2
8	금천구	10	9	1
9	노원구	21	18	3
10	도봉구	14	12	2
11	동대문구	18	16	2
12	동작구	17	15	2
13	마포구	17	15	2
14	서대문구	15	13	2
15	서초구	15	13	2
16	성동구	14	12	2
17	성북구	22	19	3
18	송파구	26	23	3
19	양천구	18	16	2
20	영등포구	16	14	2
21	용산구	13	11	2
22	은평구	18	16	2
23	종로구	11	9	2
24	중구	9	8	1
25	중랑구	17	15	2

04

구의원도 월급을 받나요?[78]

지방의원에게 지급하는 의정비는 의정활동비와 여비, 그리고 월정수당으로 구성되어 있다. 지방의원에게 매월 지급하는 의정활동비는 지방의원이 의정자료의 수집·연구와 이를 위한 보조활동에 소요되는 비용을 보전하도록 하기 위하여 「지방자치법 시행령」 별표4의 규정에 의하여 지급하며, 매월 당해 지방자치단체의 소속 공무원 보수 지급일에 지급하고 있다.

현행 의정활동비는 시·도의원의 경우 의정자료수집·연구비 월 120만 원, 보조활동비 30만 원 으로, 시·군·구의원은 각각 월 90만 원과 20만 원으로 구성되어 있다. 지방의원이 금고 이상의 형이 확정될 경우에는 피선거권이 없게 되므로 「지방자치법」

제90조에 의거 별도의 절차 없이 당연히 퇴직되며, 그때부터 지방의원의 자격을 상실한다고 보아야 할 것이다. 또한 당해 의원이 신고를 하지 않아 소속의회에서 형 확정 이후에 퇴직되었다 하더라도 해당 의원은 형 확정일로 소급하여 퇴직 처리해야 한다. 「지방자치법」 제40조에 의하여 지급하는 의정활동비 등은 지방의원이 신분을 보유하고 있는 시점까지 지급하는 것으로, 금고 이상의 형이 확정되어 지방의원으로서의 신분을 상실한 자에게 의정 활동비 등을 지급할 수 없고, 형 확정 이후 지급한 의정활동비 등은 회수해야 한다.

여비는 본회의 또는 위원회의 의결이나 의장의 명에 따라 공무로 여행할 때 지급한다. 2006년 1월 종전의 회기수당 제도가 월정수당제로 변경되면서 그때까지 11년간 운영되던 원격지회의 출석비 제도는 폐지되었다가 지난 2008년 10월, 의회의 회의(위원회의 회의를 포함) 당일 출·퇴근이 곤란한 원격지(육로 편도 60㎞ 이상 지역)나 도서지역(수로 편도 30㎞ 이상 지역)에 거주하는 의원이 회기 중 회의에 출석하여 숙박하게 되는 경우 교통비(현지교통비는 제외)·숙박비 및 식비(기준 식비의 3분의 1)를 지급하는 원격지회의 출석비 제도가 다시 부활하게 되었다.

여비 지급이 가능한 공무여행의 범위는 「지방자치법」 제40조 제1항제3호에 의거 본회의 또는 위원회의 안건과 관련하여 현지 조사 또는 확인이 필요한 경우 등과 같이 특정하고도 구체적인 목적으로 출장하는 경우와 의회를 대표하여 출장하는 경우를 의미한다. 도지사가 주최하는 도민체육대회 개·폐회식 등 의정활동과 무관한 행사 등에 참석하는 경우에는 여비 지급을 할 수 없으며, 당면한 긴급 현안 사항 협의를 위한 의원간담회 등에 참석 하는 경우 일상적인 의정활동으로 보아 여비는 지급할 수 없다. 다만, 참석자들에 대한 식비 등 소요 경비는 의정운영공통경비에서 집행 가능할 것이다.

국외여비는 「지방자치단체 예산편성 운영기준」에 따라 총액을 예산에 편성하며, 지방의회 관련 경비(의정운영공통경비, 의회운영업무추진비, 의원국외여비, 의원역량개발비) 총액 한도제 범위 내에서 자율적으로 편성한다. 다만 국가 공식 행사와 국제회의, 자매결연에 따른 해외 여행의 경우 총액의 30% 범위 내에서 편성할 수 있다. 여비의 집행에 있어서는 예산에 반영된 총액의 범위 내에서 집행하되, 공무국외여행 계획은 공무국외여 행심사위원회 심의를 거쳐야 할 것이다.

지방의원에 대한 유급제가 도입된 2006년부터 지급되고 있는 월정수당은 종전 회기수당을 급여성 수당으로 변경한 것이다. 2006년 유급제 도입 당시 의정비를 자율적으로 결정하도록 하였지만 의정비 과다 인상 및 지역 간 편차 문제 등으로 인해 월정수당의 지급 기준을 제시하고, 지급 기준의 ±20% 범위 내에서 결정하도록 하였다. 하지만 월정수당 기준 산식 도입 이후 2017년까지 동일한 상수·계수를 사용함에 따라 변화된 지역 여건을 반영하지 못하고, 산식이 복잡한 회기식으로 되어 있어 주민 입장에서 이해가 어렵다. 이러한 문제로 2018년 월정수당을 해당 자치단체에서 자율적으로 결정하도록 시행령을 개정하였다.

월정수당은 해당 지방자치단체의 주민 수, 재정 능력, 지방공무원 보수 인상률, 의정활동 실적을 종합적으로 고려하여 의정비 심의위원회에서 결정한 금액 이내로 하여 조례로 결정한다. 주민 수와 재정 능력은 그 전 심의회가 구성된 해 대비 당해 심의회가 구성된 해의 증감에 따라 인상 여부를 판단할 수 있고 의정활동 실적은 자치법규 현황, 회기 일수 등을 고려하여 평가할 수 있을 것이다.

참고로 2021년도 도봉구의회 예산에 따르면, 전체 의원의 월정수당은 총 4억 3,414만 4,000원(258만 4,190원/1인, 1월)이고 의정활동비는 1억 8,480만 원(110만 원/1인, 1월)이다. 그밖에 매월 사용할 수 있는 업무추진비의 경우 의장은 월 360만 원이고, 부의장은 190만 원이며, 상임위원장과 예결위원장이 각각 130만 원이다.

05

알아두면 쓸 데 있는 구의회 잡학사전?

Q1. 지방선거가 뭐예요?[79]

A. 우리나라에서 실시되고 있는 공직선거는 크게 대통령선거, 국회의원선거, 지방선거의 3가지로 구분해 볼 수 있다. 먼저 대통령선거는 전국을 선거구 단위로 하는 상대다수대표제를 채택하고 있는데 최고득표자가 2인 이상일 때에는 국회 재적의원 과반수가 출석한 공개회의에서 다수표를 얻은 자가 당선인으로 결정된다. 다만 후보자가 1인이라 하더라도 투표를 실시하고 선거권자 총수의 1/3이상을 득표하여야 당선인으로 결정된다.

국회의원 선거는 지역구 국회의원 선거와 비례대표 국회의원

선거로 구분된다. 지역구 국회의원선거는 전국 246개의 선거구에서 선거구별로 최고득표자 1인을 당선인으로 하는 소선거구 상대다수대표제를 채택하고 있다. 그에 반해 비례대표 국회의원 선거에서는 전국이 하나의 선거구 단위로 구성된다. 의석 배분 조건은 지역구 선거에서 5석 이상의 의석을 차지한 정당, 비례대표 선거에서 유효투표 총수의 3/100이상 득표한 정당에 대하여 득표 비율과 정당명부 순서에 따라 총 54명의 당선인을 결정하는 방식이다. 흔히 국회의원 전부를 한꺼번에 선출하는 선거라는 뜻에서 재·보궐선거를 제외한 국회의원선거를 총선이라고도 부른다.

지방선거란 지방자치법에 따라 주민들이 해당 자치단체의 장 및 지방의회 의원을 뽑는 선거를 말한다. 지방선거는 시·도 등 광역자치단체 수준에서 실시되는 시·도의회 의원 선거와 자치구·시·군과 같은 기초자치단체 수준에서 실시되는 자치구·시·군의회 의원 선거, 특별시·광역시의 장과 자치구·시·군의 장을 선출하는 지방자치단체장 선거로 구분된다. 자치구·시·군의회 의원 선거는 시·도의회 의원 지역구 내에서 시·도 조례로 정하는 2인 이상 4인 이하로 선출하는 중선거구제 비교다수대표제를 채택한 지역구 선거와, 자치구·시·군을 단위로 하고 의원정수는 자치구·시·군의원 정수의 10/100으로 비례대표 시·도의원 선거와 동일한 정당별 득표비례구속명부제를 채택하고 있는 비례대표 선거로 구분된다. 지방자치단체장 선거의 경우에는 상대다수

대표제에 입각하여 당선자를 결정하며, 최고득표자가 2인 이상인 때에는 연장자가 당선인으로 결정된다. 다만 후보자가 1인인 경우에는 투표를 실시하지 않고 선거일에 그 후보자를 당선인으로 결정하게 된다. 마지막으로 특별자치제 선거의 하나로 교육감 선거가 있는데, 교육감 선거는 다른 선거들과 달리 정당공천제가 적용되지 않으며, 시·도 등 광역 행정단위를 선거구로 해서 상대다수대표제를 적용하여 당선자를 결정한다.

이와 같이 구분해 볼 수 있는 우리나라 선거제도는 선거의 종류별로 투표방식이나 선거운동의 방법, 당선자 결정 방식 및 선거권·피선거권 자격 요건 등이 다르다. 따라서 우리나라 선거를 제대로 이해하기 위해서는 그 차이를 명확히 구분할 필요가 있다.

한편 우리나라는 선거와 유사한 또 하나의 제도적 장치로서 국가적(지역적)인 중대 사안에 대해 공동체 구성원들의 의사를 묻는 '국민(주민)투표제도'를 채택하고 있다. 국민(주민)투표는 공무를 담임할 선출직 공무원을 뽑는 선거와는 달리, 국가나 지방자치단체의 운영과 관련하여 중요한 사안이 발생하였을 때 이를 국민 혹은 주민의 의견을 직접 물어 결정하기 위해 활용된다. 일반적으로 국민(주민)투표는 오늘날 선거의 대의제적 측면을 보완하는 직접 민주제적 요소로서 이해되고 있다.

Q2. 내가 사는 지역의 예산을 알고 싶은데 어떻게 해야 할까?

A. 그 지역 기초자치단체의 홈페이지를 먼저 보시라고 권하고 싶다. 「지방재정법」 제60조에 따르면 지방자치단체의 장은 예산 또는 결산의 확정 또는 승인 후 2개월 이내에 예산서와 결산서를 기준으로 다음 사항을 주민에게 공시하여야 한다.

세입·세출 예산의 운용 상황(성과계획서와 성과보고서를 포함), 재무제표, 채권관리 현황, 기금운용 현황, 공유재산의 증감 및 현재액, 지역통합재정통계, 지방공기업 및 지방자치단체 출자·출연기관의 경영정보, 중기지방재정계획, 성인지 예산서 및 성인지 결산서, 예산편성 기준별 운영 상황, 주민참여예산제도의 운영 현황 및 주민의견서, 재정운용 상황 개요서, 재정건전화 계획 및 이행현황, 재정건전성관리계획 및 이행현황, 투자심사사업, 지방채 발행사업, 민간자본 유치사업, 보증채무사업의 현황, 지방보조금 관련 교부 현황·성과평가 결과·지방보조금으로 취득한 중요재산의 변동사항·교부 결정의 취소 등 중요 처분 내용 등이 그것이다.

특히 이 사항은 주민이 이해하기 쉽도록 행정안전부장관이 정하는 바에 따라 작성하여야 하며, 불가피한 사유가 있는 경우를 제외하고는 자료를 항상 보거나 내려받을 수 있도록 인터넷 홈페이지 등을 통하여 공시하여야 한다.

행정안전부에서 운영하는 '지방재정365' 사이트도 유용하다. '지방재정365'는 지방재정 정보(지방자치단체·지방공기업·지방출자출연기관·교육청)를 한 곳에서 시각화하여 공개·개방하는 지방재정통합공개시스템이다. 이곳에서는 내가 사는 지역은 물론이고 다른 지역의 예산과 비교도 할 수 있다.

Q3. 주민들이 지방의회의 회의를 방청하고 싶다면?

A. 주민들이 지방의회의 이모저모에 대해 관심을 가질수록 풀뿌리 민주주의가 제대로 발전할 수 있다. 당연한 말이지만 지방의원들은 유권자들의 표를 받아야 의정활동을 계속할 수 있다. 유권자들은 지방의원의 활동과 성과 등을 많이 알수록 선택의 폭이 넓어진다. 지방의회의 각종 정보들이 주민들에게 투명하게 공개되는 것이 중요한 이유이다. 지방의회에서 다루는 안건의 내용, 상임위 및 본회의 회의록, 검토보고서 및 심사보고서, 행정사무감사결과, 결산검사 결과보고서 등을 주민들이 찾기 쉽게 해당 지방의회 홈페이지에 게시해야 한다. 주민들은 지방의회에서 논의되는 주요 정책현안에 대한 최소한의 정보는 알 권리가 있다. 주민들뿐만 아니라 지방의원이 집행부 공무원들을 상대로 대화할 때 문턱이 높게 느껴지는 이유가 바로 '정보의 비대칭' 때문 아닌가 싶다.

그나마 정보의 비대칭을 해소할 수 있는 가장 직접적인 수단은 실시간으로 본회의 또는 상임위 회의를 중계하는 것이다. 각 사안에 따라 의원 간 입장 차이를 확인하고 주요 쟁점이 무엇이며 앞으로 어떤 조치가 이뤄질지 예상해볼 수 있기 때문이다. 물론 상임위와 본회의 전에 의원간담회 등을 통해 이미 결론을 내린 사안이라면 회의를 모니터링 하는 것이 자칫 지루할 수 있다. 정회 중에는 마이크가 꺼지고 속기가 중단되니 더 그렇다. 하지만 상임위와 본회의의 모습이 실시간으로 주민들에게 생중계 또는 녹화중계가 된다는 것만으로도 지방의원들에게는 부담과 책임의식을 느끼게 하는 효과가 있을 수 있다.

만일 지역 주민이 해당 지방의회의 회의 모습을 직접 방청하고 싶다면 어떻게 하면 좋을까? 일단 그 지방의회의 홈페이지나 전화로 의사일정을 확인해야 한다. 매일매일 지방의회의 회의가 열리는 것이 아니기 때문이다. 회기일정을 확인했다면 본회의와 상임위별 회의일정을 보고 그 날짜에 맞게 미리 방청신청을 하면 된다. 각 지방의회 마다 방청과 출입에 필요한 사항을 규정하기 위해 방청규정을 시행하고 있다. 「서울특별시 도봉구의회 방청규정」, 「서울특별시 서대문구의회 방청 및 출입에 관한 규정」 등이 그것이다. 서울시의회의 경우 「서울특별시의회 기본 조례」 제63조에서 의장은 방청권을 발행하여 방청을 허가할 수 있고 그 밖의 방청에 관한 사항은 의장이 따로 정한다고 규정하고 있다.

방청권은 의장 등의 지휘를 받아 의회사무국장이 발급하되, 방청석의 수용능력을 감안하여 방청인 수를 조정할 수 있다. 통상적으로 방청권의 종류는 일반방청권, 단체방청권, 장기방청권으로 구분한다. 일반방청권은 일반인에게 발급한다. 단체방청권은 교육기관, 그 밖에 10명 이상으로 구성된 단체의 대표 또는 책임자에게 발급한다. 일반 및 단체방청권은 발급 당일에만 방청할 수 있다. 장기방청권은 보도기관 종사자 및 업무상 방청이 계속하여 필요한 기관의 직원에게 당해 연도 내에 기간을 정하여 발행한다. 방청인은 의원의 발언에 대하여 가부의견을 표시하거나 박수를 쳐서는 안되고 소리를 내는 등 의사진행을 방해해서는 당연히 안 된다.

플라톤은 '정치에 관심을 갖지 않으면 국민들에게 큰 징벌이 내리는데 그것은 국민들 자신보다 못한 사람이 지배자가 되고 우리가 그 사람의 지배를 받는 불행을 가져온다.'라고 했다. 지금 우리 동네 구의회에서는 무슨 회의를 하고 있는지, 구의원들은 주민들을 위해 적극적으로 일하고 있는지 관심을 가져보자. 관심이 있는 안건이라면 그리고 방청이 가능한 회의라면 당장 방청을 신청해 보자. 방청은 무료다.

Q4. 지방의회에서 심사하는 조례안에 대해 자세히 알고 싶다면, 전문위원의 검토 보고서를 보라고요?

A. 어느 날 신문에서 우연히 읽은 글이 하루종일 머리 속을 떠나지 않은 적이 있다. "시인의 역할은 성가신 등에가 되는 것이다. 모두가 외면하는 사실을 드러내는 일, 덮어두고 괜찮다는 위로를 경계하는 일이 시인의 일이다. 그런 소임이 어찌 좋을 수 있을까. 듣고 싶은 말을 해주지 못해 미안하지만, 듣기 싫은 말에 더 나은 삶으로 가는 길이 있지 않을까."[80] 조금 과장하면 시인과 의회 전문위원의 역할은 비슷하다. 의회 전문위원은 집행부를 견제하고 비판하는 의회의 입장에서 일해야 하므로 고독할 때가 많다. 특히 광역의회와 달리 상대적으로 시스템과 인력이 열악한 구의회 전문위원으로 지낸 나의 지난 7년이 그랬다.

만일 우리 동네의 지방의회에서 심사하는 조례안, 동의안 등이 어떤 내용인지 자세하게 알고 싶다면, 그 안건의 소관 상임위 전문위원의 검토보고서를 참고하라고 권하고 싶다. 전문위원은 상임위에 상정되는 거의 모든 안건에 대해 검토보고서를 작성하며 거기에는 각 안건의 배경 및 요지, 주요 쟁점 사항, 개선 방안, 참고자료 등이 일목요연하게 포함되어 있기 때문이다. 전문위원의 검토보고서도 회의록과 함께 해당 의회 홈페이지에 공개한다.

국회에서 전문위원제도를 도입하고 안건심사에 참여하여 검토보고를 하게 된 것은 제헌국회로까지 거슬러 올라간다. 제헌국회에서 국회의원들의 전문성 결여를 염려한 나머지 유진오 박사 등 헌법·법률전문가를 전문위원으로 활동하게 한 것이 전문위원

제도의 효시이다. 전문위원이 입법과정에 전문가로서 참여할 수 있는 방편으로 마련된 공식 절차가 검토보고라고 생각한다. 지방의회가 새롭게 구성될 때마다 초선의원 비율이 높으므로 의원의 전문성 확보를 위하여 전문위원의 검토보고는 국회 못지 않게 중요한 것임을 알 수 있다. 전문위원의 검토보고는 의원들이 가부 결정을 제대로 할 수 있도록 안건에 대한 제반 사항을 검토하여 전문가로서의 의견을 보고하는 데 목적을 갖고 있다. 집행부에서도 이와 같은 전문위원 검토보고의 성격을 이해하고 오해가 없도록 해야 옳다.[81]

Q5. 지방의회의 속기사들은 무슨 일을 하나요?

A. 지방의회 상임위원회 회의실에서는 종종 집행부를 상대로 행정사무감사에서 각종 현안을 놓고 의원들의 추궁과 질타가 쏟아지곤 한다. 공무원과 의원 사이에 가시 돋친 설전도 심심찮게 벌어진다. 이때마다 회의장 가운데 앉아 있는 직원의 손놀림이 더욱 빨라진다. 가끔씩 고개를 들어 발언자의 얼굴을 확인할 뿐 키보드 위의 손 외에는 어떤 움직임도 찾아보기 어렵다. 십여 분쯤 흘렀을까 맞은편에 또 다른 직원이 자리에 앉는다. 동료에게 무사히 바통을 넘긴 그는 조용히 일어나 회의장 밖으로 나간다. 긴 회의 동안 그렇게 계속 교대가 이뤄진다. 그녀의 직업은 속기사이다. 정확히 말하면 속기직 공무원이다.

속기사란 회의나 재판 등 기록을 필요로 하는 곳에 참여하여 음성을 문자화하는 전문직이다. 나는 속기사를 현대판 사관史官이라고 생각한다. 간혹 집행부와 의회 사이에 또는 의원들 간 이견이 생겼을 때 지난 회의록을 찾아볼 때가 있기 때문이다. 주민들도 마찬가지. 지역 현안에 대해 지방의회에서 무슨 논의를, 어떻게 거쳤는지, 특정 의원이 어떤 발언을 했는지 알고 싶다면 해당 상임위 또는 본회의 회의록을 찾아보면 된다. 의회 속기사의 업무량은 얼핏 회의 시간과 비례할 것 같지만 정확한 띄어쓰기, 맞춤법 등의 교정작업이 수반되기에 회의 시간 보다 서너 배 이상의 시간이 소요된다고 한다. 그래서 일부 속기사들은 의원들의 질의가 적거나 짧은 상임위를 선호하기도 하지만 뚜렷한 발음과 논리적인 발언이라면 장시간이라도 얼마든지 즐겁게 감당할 수 있다고도 한다.

의회 속기직에 응시하기 위해서는 기본적으로 속기사 자격증을 취득해야 하고 다섯 과목의 필기시험을 통과해야 한다. 한글 속기 국가자격증 시험은 노동부에서 주관하고 대한상공회의소에서 시행하고 있다. 속기직 공무원은 국회 또는 지방의회 의사록이나 회의 및 강연기록 등을 전용키보드를 사용해 기록하는 것이 주요 업무다. 기초의회 속기직 공무원은 주로 사무국 의사팀 소속이다. 2022년 1월 13일, 개정된 지방자치법이 시행되면서 지방의회 인사권이 독립되었다. 이에 힘입어 의사 기록팀 등이 신설되면서 고유의 업무를 담당하기도 한다.

오래전 일이지만 어느 국회 속기사의 언론 인터뷰[82]에서 속기사는 "남들이 다같이 박장대소를 하더라도 절대 웃어서는 안 되고, 분위기에 휩쓸려 화를 내거나 슬퍼해서도 안 되며 발언자의 코멘트뿐만 아니라 돌발상황이 일어났을 때 그에 대한 간략한 설명까지 기록해야 한다"라고 말했던 내용이 인상적이었다.

오랜 시간 지방의회 속기직 공무원들과 교류하면서 그들의 직업적인 고충도 알게 됐다. 예를 들면 A의원은 발음이 부정확해 알아듣기가 쉽지 않아 속기사들 사이에 악명(?)이 높았다. 반면 B상임위원장은 발음이 정확한 데다 의원들 간 설전이 있을 때마다 어떤 과정을 거쳐 결론에 도달했는지 짧게라도 정리해줘 좋다는 말을 들었다. 여름엔 회의장 천정에 설치된 에어컨의 바람소리 때문에 의원의 질의가 정확히 들리지 않아 애를 먹기도 한다. 또한 일반인이 읽기 쉽도록 속기를 풀기 위해 회의 때 녹음한 파일을 반복해서 듣다 보니 직업병처럼 이비인후과 질환이 생기거나 장시간 동안 쉼 없이 일을 하게 되어 팔과 어깨 통증으로 침을 맞거나 정형외과 진료를 받기도 한다고 했다. 지방의회가 개원된 1991년부터 2022년까지의 회의록이 서고를 가득 채우고 있는 것을 보았다. 의회에서 영구 보존되는 문서 중 속기사가 작성한 회의록이 가장 큰 부분이라고 해도 과언이 아닐 것 같다. 현대판 사관인 속기사는 지방의회가 좀 더 주민들과 소통할 수 있도록 해주는 필수적인 역할이 아닐 수 없다.

Q6. 질문과 질의의 차이, 그리고 구의원에게 경청傾聽이란?

A. 지방의회에서 질의는 의제가 된 안건을 본회의나 위원회에서 심의(심사)하는 과정에서 의문 나는 사항이나 문제점 등을 제안자에게 물어 답변을 구하는 안건심사 절차를 의미한다. 질문은 독립적인 의사로서 심의대상이 되는데 지방자치단체의 행정 전반 또는 특정 문제에 대하여 설명을 요구하고 소견을 묻는 것이다. 지방의회에서는 「도(시·군·구) 전반에 관한 질문」 또는 「사회문화에 관한 질문」 형태로 상정하여 의원이 질문하고 답변을 듣게 된다. 질문을 하고자 반드시 사전에 답변자 즉, 지방자치단체의 장을 비롯한 관계 공무원의 출석을 요구하고 질문요지서를 24시간 전에 송달하여야 한다.[83]

질문은 「지방자치법」 제37조에 따라 집행부에 대한 통제·감시 기능을 하는 지방의회의 중요한 의정활동의 하나이다. 따라서 본회의의 독립된 의사일정으로 상정하여 진행되어야 하는 것이다. 이에 비하면 질의는 지방의회 회의규칙 관련 규정에 의하여 지방의회가 안건을 심의할 때 제안자의 제안 설명과 위원장의 심사보고를 들은 다음 진행되는 안건 심사의 하나의 절차에 불과하다. 그러나 질문과 질의가 모두 발언을 통한다는 점에서는 동일하다. 질문은 회의규칙에서 정하고 있는 발언 시간 내에서 본질문을 먼저 하게 된다. 그리고 답변을 듣는다. 답변 내용에 대하여 미진하거나 부족하다고 생각할 때에는 보충질문이 가능하다.

질의는 안건 심사의 한 절차에 불과하다는 점에서 질문과 다르긴 하지만, 본회의에서의 발언 시간과 횟수는 역시 질문과 다를 바 없다.[84]

사실 질문과 질의의 차이를 아는 것은 주민이 지방의회를 이해하는 데 결정적인 사항은 아닐 수 있다. 다만 2010년 8월 25일 서울시의회 제225회 임시회 본회의 당시 서울시장을 상대로 진행된 K시의원의 시정질문에서 질문과 질의의 차이를 묻는 내용이 화제가 된 적이 있어 소개했다.

나의 경험에서 보면 지방의원이 질문과 질의의 차이를 아는 것도 좋지만 경청할 줄 아는 것이 훨씬 중요하다는 것을 강조하고 싶다. 주민이든 공무원이든 자신의 이야기를 진지하게 들어주는 의원이 필요하지만 경청할 줄 아는 의원은 적다. 직업정치인의 특성상 듣기보다는 주로 말하는 것에 더 익숙해 보인다. 지방의회에서 잘 들을 줄 아는 의원이 말을 잘한다는 것은 쉽게 확인할 수 있다. 개별적인 만남이든 상임위 회의장이든 상대의 말을 제대로 듣지 않는 의원의 발언은 조금 심하게 표현하면 쏟아내기에 급급한 배설에 가깝다. 간혹 지방의원과 일 대 일로 대화하기가 곤혹스러울 때가 있다. 매번 장시간 동안 혼자서 북치고 장구치는 의원도 안타깝지만, 오롯이 대화에 집중하지 못하는 의원도 적지 않다. 선출직 의원이 대체로 그렇듯이 시간 단위로 모임과 약속이 많은데다 수시로 울려대는 휴대전화 벨소리와 문자

수신음 등으로 대화를 10분 이상 차분히 이어가기 어렵다. 상임위 회의장에서 동료의원의 질의 답변만 들었다면 금방 이해될만한 사안에 대해 엉뚱한 질의를 한다거나, 조금전 국·과장의 답변을 거의 그대로 반복해서 묻는 의원도 비일비재하다. 상대의 마음을 얻으려면 경청이 필수라는 것은 이젠 상식에 가깝다. 예리한 질문이나 질의는 그 다음이다.

Q7. 정례회와 임시회의 차이?

A. 지방의회는 항상 활동하는 것이 아니라 일정한 기간을 정해서 개회하고 그 기간 동안에는 매일 본 회의를 열 수 있다. 이 경우에는 정기적으로 개회되는 '정기회'와 부정기적으로 필요한 경우에 개회하는 '임시회'가 있다. 임시회는 재적의원 3분의 1 이상의 요구와 자치단체장의 요구로 개회된다.

정례회는 매년 정례적인 날에 집회하고 미리 정해진 기간(회기) 동안 활동하는 회의를 말한다. 지방의회가 출범하던 1991년부터 지방자치법이 개정된 2000년도 이전까지는 '정기회'라고 하여 매년 1회 개회하였다. 1952년부터 1961년까지 9년 동안 운영된 지방의회에서는 매년 4회의 정례회를 두고 있었다. 2017년도 대부분의 지방의회가 매년 2회의 정례회를 두고 있다.

출범 당시 정기회의 회기는 시·도의회가 '35일'로, 시·군 및 자치구의회가 '30일'로 되어 있었다. 1999년 개정된 지방자치법에 따라 지방의회는 매년 2회 정례회를 갖도록 하고 2000년 1월 1일 및 7월 1일 개정된 「지방자치법 시행령」에 의하여 지방자치단체의 조례로써 정례회 운영 등에 관한 사항을 정하도록 하였다. 이에 비해 임시회는 지방의회 재적의원 3분의 1 이상의 요구가 있거나 지방자치단체의 장의 요구에 의하여 필요한 의안심사나 활동을 위해 개회하는 회기를 말한다.

일반 사회단체의 어느 회의에서도 대개 정기총회를 두고 있다. 이렇게 정기총회를 두는 것은 매년 그 회의체가 반드시 해야 하는 의사 즉 안건처리나 활동에 대비한 것이다. 또한 회의체의 구성원들이 자신들의 일상적인 활동을 하다가 일정한 시기에 정기총회가 있음을 알고 미리 그 회의를 준비하라는 목적도 있다. 일반적으로 정기총회를 두는 이러한 이유가 지방의회에도 마찬가지로 적용된다.[85]

그런데다가 지방의회는 홀로 존립할 수 없으므로 그 상대편인 집행기관의 입장을 고려하는 한 가지 이유가 더 있다. 집행기관 측에서는 지방의회의 의결을 받아야 집행을 할 수 있는 자치행정 수행상 정례회 활동을 대비하고 필요한 의안을 제출하는 등 정례회를 활용할 수 있도록 한 것이라고 보아야 한다. 정례회의 대표적인 활동은 행정사무감사, 결산승인, 예산안 처리 등이다.

Q8. 알아두면 유용한 사이트?: 국가법령정보센터 / 자치법규정보시스템 / 지역신문 등

A. 조례 제·개정, 행정사무감사, 예산 심사 등과 같은 지방의회의 주요 역할에서 가장 중요한 공통사항은 법령과 조례이다. 집행부 공무원과 지방의원은 물론이고 지역 주민들이 지방의원의 의정활동을 객관적으로 파악하기 위한 첫 단추는 법적 근거를 확인하는 것이다. 그런 의미에서 지방의회와 관련해서 알아두면 유용한 인터넷 사이트는 법제처의 국가법령정보센터, 행정안전부의 자치법규정보시스템, 지역신문 등이 있다.

법제처의 국가법령정보센터에서는 대한민국의 모든 법령과 자치법규를 한눈에 검색할 수 있다. 이 사이트의 장점은 법령뿐만 아니라 법제처의 법령해석 사례, 각종 판례, 자치법규에 대한 법제처의 의견 제시 사례 등까지 볼 수 있다는 점이다. 애플리케이션도 있으므로 스마트 폰에 설치해 편리하게 이용할 수 있다.

행정안전부의 자치법규 정보시스템은 전국의 지방자치단체에서 시행하는 조례를 검색하기 유용하다. 자치법규 검색 메뉴에서 알고 싶은 지자체를 설정하고 검색하면 분야별로 일목요연하게 조례를 확인할 수 있다. 애플리케이션이 없다 보니 인터넷 접속 외에는 스마트 폰에서 사용할 수 없다는 단점이 있다.

구의회로 이직하면서 지역신문의 존재를 처음 알았다. 그전까지 신문이라고 하면 흔히 말하는 조선일보, 중앙일보, 동아일보, 경향신문, 한겨레신문, 한국일보, 문화일보 등과 같은 중앙일간지를 주로 떠올렸다. 그러다가 지역에도 당연히(?) 지역신문이 있다는 것을 뒤늦게 알았다.

지역신문이란 지방일간지로 볼 수 있다. 지방신문과 지역신문을 구별하고 전자를 지방일간지로, 후자를 "읍·면·군 중소도시, 대도시의 구 등 소규모의 지역사회의 주민을 대상으로 해당 지역의 뉴스나 생활정보 등을 전달하는 유가 또는 무가의 신문"이라고 규정하고 있다. 하지만, 넓게 보면 지역신문은 지방일간지로 이해할 수 있을 것이다. 지역신문은 중앙지 지향성을 벗어나 읍·면 등에서 발행되는 소규모 지역 신문의 특색을 살리는 것이 적절하다. 지역신문은 지역 주민에게 각종 지역 문제에 대한 지역주민의 참여를 유도하는 기능, 독자들에게 생활 및 상품정보를 제공하는 기능, 지역공동체 의식 회복 기능, 지역민원 수렴과 지역정보센터로서의 기능, 소외계층의 이익과 주장을 대변하는 기능을 강화하여 수용자가 원하는 정보와 담론을 제공하여야 한다고 보고 있다.[86]

전국에 특색있는 지역신문이 많이 있지만 지면 관계상 옥천신문과 은평시민신문을 소개하고 싶다. 옥천신문 인터넷 홈페이지에 따르면 1989년 주민이 직접 회사의 주인이 되는 '군민주'로 창간한 옥천신문은 옥천군을 주된 배포지역으로 하는 지역 주간 신문사이다. 2022년 기준으로 옥천신문은 창간 후 34년이 지난 지금까지 편집의 독립성과 자율성이 가장 모범적으로 실현되는 언론사라는 평가를 받고 있다. 지역사회 공공성에 기초한 옥천신문의 이 같은 소유 형태는 대기업과 특정 개인이 소유한 거대 신문사가 보도와 관련해 각종 사회적 문제를 야기했던 것과 비교되며 한국사회 대안언론의 한 전형으로 평가받고 있기도 하다. 옥천신문은 지역 주민의 평범하고 따뜻한 일상을 소개하는 기사부터 자치단체 행정을 비판·감시하는 기사까지 지역에서 일어나는 다양한 사안을 20면(대판 기준)의 지면에 보도하고 있다. 국내외 선진 사례를 취재해 지역사회에 장기적인 전망을 제시하기도 한다. 옥천신문은 '지역신문발전지원법'이 제정된 2005년부터 2017년까지 매해 우수 지역신문으로 선정되고 있다.

2004년 10월 창간한 은평시민신문은 2014년 2월 4일, 협동조합으로서의 제2창간을 선언했다. 은평 시민 한 사람 한 사람의 눈과 귀가 되어 지역경제와 지역문화를 키워내고 지방자치시대 풀뿌리 민주주의의 디딤돌이 되자는 목표와 사명이 그 바탕이다.

아직 듣도 보도 못한 지역신문은 전국에 많다. 막강한 자본을 바탕으로 운영되는 중앙언론에 비하면 지역신문은 열악하다. 그럼에도 불구하고 지방의회에서 오래 근무할수록 지방자치단체와 지방의회가 바로 서려면 지역신문의 독립성과 자율성이 중요하다는 것을 절감한다. 지역의 권력을 비판하고 주민들에게 필요한 정보를 전달하는 지역언론이 살아야 지방자치가 내실있어지는 것은 당연하지 않겠는가. 이번 기회에 내가 사는 동네에는 어떤 지역신문이 있는지 찾아 보면 어떨까?

그밖에 특색있는 지방자치단체 관련 사이트로는 행정안전부의 '내고장알리미'가 있다. 이곳은 내고장 일반현황은 물론이고 국정 주요시책 등의 지자체 추진상황을 평가한 결과, 지방규제혁신 우수사례, 지자체 인사운영 현황, 지자체 생산성 대상 등의 자료가 게시되어 있다. 수시로 업데이트가 되지 않아 아쉽지만 내 지역을 정책적으로나 통계적으로 살펴보고 싶은 주민이라면 추천하고 싶다.

5장

구의원을 위한 변명: 지방의원에 대한 오해와 편견

01

여러분이 살고 계신 동네의 구의원이 누군지 아세요?

"삭감합시다"

"의원님, 솔직히 그 사업은 구청장님 관심사업이라 삭감하시면 곤란합니다. 양해를……"

"그게 무슨 소리입니까. 문제투성이니까 반만 가지고 하세요."

"의원님……"

지방의회 예산심사 기간에 벌어지는 흔한 풍경이다. 잘 몰라서 그렇지 지방의원의 권한은 생각보다 막강하다. 예산심사, 행정사무감사와 조사, 각종 조례안 및 동의안 등의 안건 심사 권한이 그것이다. 적어도 그 의회가 있는 지역에서는 파급효과가 적지 않다. 집행부인 구청이나 군청이 아무리 그럴듯한 사업계획을 수립

해도 거기에 부합하는 예산이 지원되지 않는다면 '빛 좋은 개살구'에 불과하니까. 의원은 일년에 한번 행정사무감사를, 연중 특정 시기를 정해 행정사무조사를 실시할 수 있다. 의외로 집행부의 행정처분은 허점이 적지 않다. 행정도 사람이 하는 일이기 때문이다. 담당자만 바뀔 뿐 거의 매번 반복된다. 행정사무감사 기간 동안 의원이 핵심을 짚어 부당한 관행이나 잘못을 지적했을 때는 행정사무감사가 빛을 발하는 순간이다.

하지만 그렇게 '연구하는 지방의원'을 공무원들은 물론이고 지방의원들 스스로가 폄하하기 일쑤라는 점이 문제다. 지방의원이 원내 의정활동에 치중하느라 지역구 행사에 얼굴을 자주 비치지 않거나 지역에서 정당 관련 활동을 소홀하기라도 하면 다음 공천은 보장할 수 없기 때문이다. 극단적으로 말하면 조례안 심의, 행정사무감사, 예산안 심사 등과 같은 원내 의정활동을 대충대충 하더라도 민원처리 잘 하고 지역행사에서 '눈도장'만 잘 찍어도 오히려 당선 가능성이 높은 게 지방의원 선거의 현실이다. 무엇보다 심각한 것은 대개 지역 주민들조차 지방의원들이 의회에서 무슨 활동을 하는지 관심이 없다는 점이다. 아주 가끔 본인의 민원을 처리해주고 우연히 동네 행사장에서 인사하는 정도로 그 지방의원이 역할을 다했다고 주민들이 생각하는 한 우리나라 지방의회는 정책적으로는 하향평준화 될 수밖에 없다. 이는 집행부를 견제하고 비판하도록 명시한 지방자치법에 정면으로 위배되는 모습이 아닐 수 없다. 이런 현상은 기초의회에서 훨씬 심각하다.

국회가 법률안을 심사하듯 지방의회는 조례안을 심사한다. 물론 지방의회가 심사하는 안건들은 조례안 외에도 많다. 결의안, 동의안, 계획안, 의견청취의 건 등등이 그것이다. 가장 대표적이고 빈번한 안건은 조례안이다. 조례에는 권리와 의무가 들어 있다. 구청장의 의무가 무엇이고 구민의 권리가 무엇인지, 어떤 계획을 수립해야 하는지, 회의는 어떻게 운영하는지, 재원 조달은 어떻게 할지 등등을 규정하고 있다. 조례는 일종의 '작은 법률'이다. 시·군·구 단위의 기초자치단체는 중앙부처나 광역자치단체로부터 보조금을 지원받아 실시하는 각종 복지사업 등이 많아서 재량의 여지가 많지는 않다. 하지만 상대적으로 구민들과 직접 대면하는 생활밀착형 행정은 많다. 지방자치단체의 각종 사업들의 근거와 권리의무 관계를 규정하는 것이 조례이고 의회는 그 조례를 심사하는 권한이 있다.

그래서 의원의 권한은 '예리한 면도날'과 같다. 사용을 잘하면 환부를 도려내어 건강한 몸을 만들 수 있지만 잘못 휘두르면 상대는 물론이고 자신도 다칠 수 있다. 의원 자신이 예리한 면도날을 쥐고 있다는 자체를 아는 것이 먼저다. 그렇지 않으면 의원에게 주어진 다양한 권한은 마치 어린아이에게 쥐어진 면도날과 같아 위태롭고 아슬아슬하다. 의원이 의정활동을 제대로 하려면 내가 쥐고 있는 면도날이 얼마나 예리한지 알아야 한다.

예를 들면 위에서 제시한 예산 삭감의 경우도 의원들의 신중한 태도가 아쉬운 대목이다. 상임위 심사에서는 '즉흥적으로' 삭감을 주장하다가 예산결산특별위원회에서는 원안대로 증액을 요청하는 집행부 직원들의 읍소에 너무 쉽게 굴복하기 때문이다. 지방의원의 말에 권위가 없는 이유 중의 하나이다. 의회에 예산안을 제출하기 전까지 집행부는 여러 부서의 협의와 검토를 거친다. 단체장의 관심사업도 있고 해당 부서의 브랜드사업도 있으며 파급효과가 적지 않은 중앙부처 또는 광역지자체의 위임사업도 있다.

과연 의원은 각종 사업예산을 집행부만큼 진지하게 고민했는지 스스로에게 물어야 한다. 의원이 사업비를 삭감하자고 주장할 때는 분명한 이유와 근거, 논리가 있어야 한다. 상임위에서 대량 삭감됐던 사업예산들이 명확한 이유 없이 예산결산특별위원회에서 버젓이 살아나는 일이 비일비재한 건 무엇보다 의원들의 철저한 직업의식과 의회마인드 부족때문이 아닌가 싶다. 단순히 자신을 돋보이려는 목적으로만 의회의 권한을 소비하는 일은 생산적인 예산심사를 위해서도 바람직하지 않다. 의회와 의원의 권한은 대다수 주민들의 공공복리를 위해서 행사될 때 가장 가치 있지 않을까? 스스로 자각하지 않는다면, 지방의원에게 맡겨진 권한은 자칫 '돼지 목에 걸린 진주'에 불과할지도 모른다. 여러분이 사는 동네 구의원이 누구인지, 어떤 의정활동을 하는지 평소 관심을 갖는 것이 그래서 중요하다.

02

구의원들은 일 년 내내 무슨 일을 해요?

의원 발의 조례로 주민 복리를 향상시킨 사례

「사회복지사 처우 개선 조례」, 「이동노동자 쉼터 운영 조례」, 「어린이 통학로 교통안전 조례」, 「공공시설 개방에 관한 조례」, 「공공시설 등의 건립비용 공개 조례」, 「살림지킴이단 구성 및 운영 조례」 등에 대해 들어본 적이 있는가? 최근 몇 년간 필자가 몸담았던 구의회의 의원이 발의하여 제정한 조례 중 일부이다. 지면 관계상 개별 조례의 내용을 일일이 설명할 수는 없지만, 지방행정의 사각지대를 줄이기 위해 문제의식을 가진 지방의원이 관련자료조사와 연구는 물론이고 이해관계인들과 간담회를 통해 사전 조율을 거친 후 직접 발의해서 제정된 조례라는 차원에서 의미가 크다고 할 수 있다.

최근 우리 사회에서 '조례'가 세상 사람들의 이목을 집중시키는 사례가 많아지고 있다. 조례 제·개정 자체가 정치, 경제, 사회적으로 커다란 이슈가 되기도 한다. 예컨대 보편복지와 선별복지라고 복지논쟁의 중심에 있었던 서울시 "무상급식조례"를 들 수 있다. 서울광장 등에서 자유로운 집회활동을 보장하라는 시민단체 등의 요구와 그에 대해 부정적인 견해를 가진 사람들과의 치열한 공방을 벌이게 했던 "서울시 광장조례"가 있다. 한편 교육감과 시의회의 심각한 갈등 요인으로 작용했넌 "혁신학교운영 및 지원에 관한 조례"도 그 예이다.

지방의회는 주민의 직접선거에 의해 선출, 구성되는 기관으로 민주적 정당성을 가지고 있는 주민의 대표기관이며, 자치입법인 조례의 제정, 개정 및 폐지에 대한 의결권을 가진 기관으로 자치입법기관으로서의 지위를 가진다. 조례는 주민의 대표로 구성되는 지방의회가 심의, 의결하는 지역법이며, 자주법으로 단순한 행정입법과는 다르다. 이는 일종의 법률(준법률)적 성격을 가지고 있다. 지방자치가 성숙될수록 주민생활에 밀착해 직접적 영향을 주는 조례 입법의 중요성은 더욱 늘어날 것이다.

의회에서 의결할 의안은 구청장이나 위원회 또는 의원이 제출하거나 발의한다. 다만 의원은 재적의원 5분의 1 이상 또는 의원

10명 이상의 연서로 발의한다. 의원이 제안할 때에는 '발의'라고 하고 지방자치단체의 장이 의안을 낼 때에는 '제출'이라 한다. '발의'란 지방의회에서 지방의원이 논의할 대상, 즉 조례안, 건의안, 결의안, 동의 등 각종 안건을 내놓는 것을 통틀어서 말한다. 그런데 '발의'란 통상적으로 의원이 안건을 제출하는 것을 말하며, 지방자치단체의 장이 안건을 내는 것은 '제출'이라 한다. 지방자치단체장은 본인의 공약 이행과 행정실무상 필요에 의해 조례안이나 각종 동의안 등을 지방의회에 제출한다.

2021년 8월 기준으로 보좌관이 없는 지방의원의 현실 특히 기초의원은 조례안을 발의하기까지 남모를 고충이 많다. 의정 경험이 없는 기초의원에게는 법률용어 자체도 생소하지만 무엇을 조례로 만들지부터 막막할 때가 많다. 특히 입법과 행정에 문외한인 의원일수록 의회 사무국에서 조례안 발굴을 대신해주는 경우도 적지 않다. 조례안 발의를 실적으로 여기는 의원의 수요와 '을'의 입장인 사무국 직원의 공급이 합치한 결과이다. 설령 조례안 발굴을 직원이 했어도 의원이 열심히 공부해 상임위 심사와 본회의를 통과한다면 결과적으로는 큰 문제가 없다. 하지만 그렇지 않을 경우 상임위 심사 도중 동료의원들의 질의에 발의한 의원이 아무런 대답을 못해서 난처한 상황이 벌어지기도 한다. '참을 수 없는 조례 발의의 가벼움'이라는 자조 섞인 말이 떠오르는 순간이 아닐 수 없다.

주민 눈높이 예산 심사로 주민 복리를 향상시킨 사례

'행정이란 정부가 공공목적을 달성하기 위하여 행하는 갖가지 활동 및 내부적 관리[87]'를 말한다. 행정에서 공무원이 가장 중요하게 판단의 기준으로 삼는 것은 법과 예산이다. 거칠게 표현하면 일차적으로 공무원은 법과 예산이 허용하는 범위에서 일하면 된다. 중앙부처든지 지방자치단체든지 상관없다. 집행부든 의회든 공무원 신분이라면 예외가 없다. 그만큼 공무원은 법과 예산을 중시한다.

예산이라는 용어의 유래는 처음 가죽을 의미하는 피혁bougette이라는 뜻에서 시작되었다가 오늘날 예산이라는 개념으로 굳어진 것이다. 근대적 예산제도의 출발점인 영국에서 재무장관이 국회에서 예산을 설명할 서류들을 넣고 다니는 가방의 의미로 사용되었다가 오늘날에 와서는 예산이라는 독립된 개념으로 사용되게 되었다. 'budget'이라는 단어는 영국에서 재정민주주의를 실현하는 과정에서 생성된 것으로 지방예산에서 살펴볼 함축된 의미는 매우 크다.[88]

지방자치는 헌법에서 인정하는 철학으로 지방자치단체로 하여금 주민의 복리에 관한 사무를 처리하고 재산을 관리하며, 법령의 범위 안에서 자치에 관한 규정을 제정할 수 있도록 하고 있다. 이에 따라 지방자치 발전을 위하여 「지방자치법」, 「지방재정법」, 「지방교부세법」 등을 제정하고 있는 것이다.

국가와 지방자치단체는 분담된 역할에 따라 자기부담 하에 사무를 처리함이 원칙이다. 즉 기관위임사무는 국가가 부담하고, 단체위임사무는 국가와 지방이 분담하고, 자치사무는 지방이 부담한다. 그러나 현실적으로 사무가 명확히 구분되지 않는 경우가 많은바, 이 경우 국가와 지방이 협의하여 분담한다. 이 과정에 국가와 지방 간에 재정분담과 관련하여 갈등이 발생하기도 한다.

우리나라의 재정은 국가재정(중앙재정)과 지방재정으로 구분되며, 지방재정은 다시 일반지방재정과 지방교육재정으로 구분되어진다. 일반자치와 교육자치가 이원화된 지방자치구조 하에서 일반지방재정과 지방교육재정 역시 최소한의 연계를 바탕으로 엄격하게 분리·운영되고 있다. 「지방교육자치에 관한 법률」 제38조는 "시·도의 교육·학예에 관한 경비를 따로 경리하기 위하여 당해 지방자치단체에 교육비특별회계를 둔다"라고 규정하고 있다. 시·도 교육청은 교육재원조달을 위한 과세권을 갖지 못하며, 지방자치단체가 징수한 지방교육세를 지방자치단체 교육비특별회계를 통하여 전액 수령하고, 중앙 정부로부터는 지방교육재정교부금을 지원받고 있다. 또한 시·도세의 법정전입금, 시·도 및 시·군·구의 보조금 등이 일반재정에서 교육재정으로 지원되고 있다.

그렇다면 지방의회의 예산안 심사는 어떻게 진행될까? 예산안은 회계연도 시작 전(시·도는 50일 전, 시·군·구는 40일 전)에 지방자치단체장이 지방의회에 제출한다. 본회의에서는 예산안을 위원회에 회부하기 전에 지방자치단체장으로부터 먼저 제안 설명을 청취한 후 상임위원회별 예비심사를 거쳐 예산결산특별위원회에서 종합 심사와 계수 조정, 소위원회의 전반적인 의견 조정을 거친다. 그런 다음 본회의의 의결로서 예산안을 확정한다. 의회에서 법령에 따른 의무적 부담 경비나 비상 재해로 인한 응급 복구 경비를 삭감했을 경우 지방자치단체장은 이송 받은 후 20일 이내에 재의를 요구할 수 있다.[89]

지방의회 예산안 심의 절차

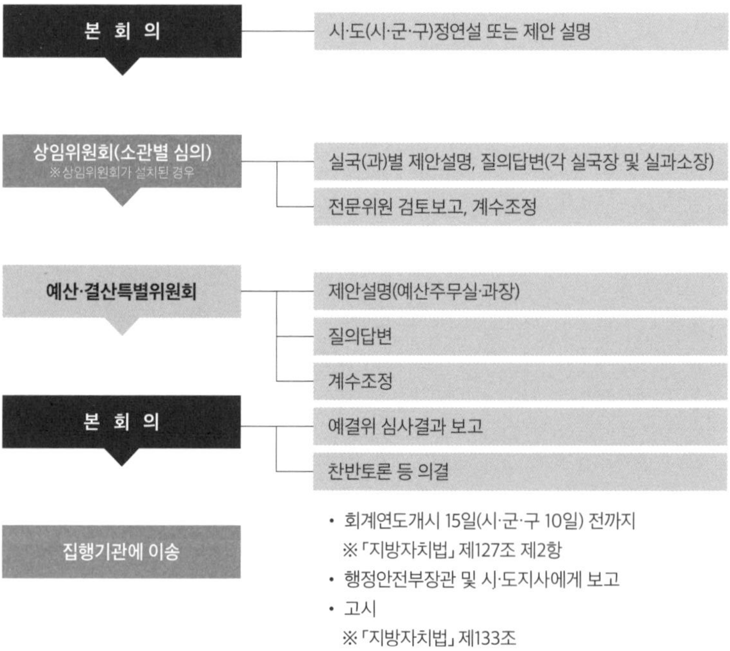

앞에서도 언급했듯이 서울시 D자치구의회의 2021년도 예산안 심사과정에서는 공무원 노조와 구의원들 사이의 대립으로 긴장상황이 벌어진 적이 있다. 집행부가 공무원 퇴직자 포상금을 기존 1인당 50만 원에서 200만 원으로 증액하자고 제출한 예산안을 심사하는 과정에서 구의원들과 공무원노조 간에 충돌이 있었다. 의원들은 코로나19로 경제가 어렵고 소상공인들이 힘든 상황에서 퇴직자 포상금을 몇 배나 인상하는 것은 주민 정서에 맞지 않다는 입장이었다.

반면 공무원 노조는 서울시 자치구 퇴직자 포상금의 평균 수준을 예로 들면서 구청장과 노조가 단체협상을 끝낸 사안이니 의회가 월권이라는 주장이었다. 공무원노조원들은 예산안 심사를 하는 회의장 밖에서 1인 시위를 했다. 하지만 그럴수록 의원들은 노조에 더욱 냉랭했다. 인상폭이 주민들의 정서와 너무 동떨어졌고 의회의 예산안 심사 권한을 침해하려는 노조가 못마땅했기 때문이다. 며칠간의 소란은 결국 1인당 50만 원씩 인상으로 합의하면서 마무리됐다. 퇴직자 포상 금액 인상이 적절한지 여부는 별개로 하더라도 만일 이런 상황에서 지방의회가 없었다면 어땠을까? 선출직 단체장 혼자 내린 결정이 주민들의 눈높이와 상관없이 그대로 집행됐을 것이다.

물론 예산과 관련된 현실은 집행부의 역할이 훨씬 막강하다. 예전에 어느 특강에서 예산을 전문적으로 다루는 모 시민단체의 연구원은 중앙정부와 국회의 예산 관련 영향력을 이렇게 설명했다. 가령 원하는 사업예산을 국회에 어필하고 싶을 때, 하수는 지역구 국회의원 사무실을 방문하지만 여의도까지 제대로 전달될지 의문이고, 중수는 예산안을 심사하는 예결특위 위원이나 예결특위 간사를 접촉한다. 고수는 오히려 정부 부처를 직접 접촉한다는 것이다. 특히 예산안을 총괄하는 기획재정부가 집중타깃이라고 한다. 당시 그 연구원의 설명은 그만큼 모든 예산의 알파와 오메가는 기획재정부라는 현실을 비꼬는 말 같았다. 사실 국회가 증액하거나 감액하는 규모는 정부가 편성한 규모에 비하면 불과 얼마 안된다. 정부안인 470조 원 중 국회가 증액하거나 감액한 규모는 10조 원에 불과할 정도다. 그만큼 국회보다 정부의 예산편성 책임이 훨씬 크다는 반증일지도 모른다. 지방자치단체도 마찬가지다. 수천억 원이 넘는 예산을 편성하고 집행하는 주체는 집행부이기 때문이다. 그럼에도 불구하고 주민들의 눈높이에서 세금을 타당하게 집행하도록 심사하고 견제하는 지방의회의 중요성은 아무리 강조해도 지나치지 않다.

행정사무감사로 주민 복리를 향상시킨 사례

미국 매체 포브스가 꼽은 이색적인 축제에 신촌물총축제가 포함됐다. 서울 도심 한복판에서 처음 본 사람들과 물총 싸움을 해 흠뻑 젖은 채로 집에 돌아가는 날. 2013년 처음 시작해 매년 7

월 젊음의 상징, 신촌에서 열리는 물총축제다. 이틀 동안 진행하는 이 축제에서는 우산 퍼포먼스, 물 콘서트, 심지어 물총 결혼식까지 즐길 수 있다. 포브스는 "이 축제의 하이라이트는 역시나 물총 싸움"이라면서 "무더위를 피하는 한국인들의 시원하고 격렬한 방법"이라고 소개했다. 여름마다 젊은이들의 SNS를 장악하던 신촌 물총 축제는 코로나19 여파로 2019년을 끝으로 잠정 중단된 상태다.[90]

하지만 신촌지역 상가번영회와 상인들은 생각이 달랐던 것 같다. 구의원들에게 민원이 빈번하게 제기됐다. 축제가 신촌 상인들을 위한 게 아니라 외지인들을 위한 것 같다는 볼멘소리였고 무엇보다 축제를 기획하고 추진한 M기획사의 회계처리가 의심스럽다는 취지였다. 결국 구의회 행정사무감사 자리에 신촌물총축제의 M기획사 대표를 증인으로 출석시켰다. 시작 전까지 회의장은 긴장감이 가득했다. 신촌물총축제는 서대문구의 대표적인 축제인데다 구의회 행정사무감사에서 증인을 출석시키는 일이 없지는 않지만 매우 드문 일이기 때문이었다. 증인을 상대로 2시간 가까이 의원들의 질의가 이어졌다. 흡사 뉴스에서 본 것 같은 국회 국정감사의 한 장면이었다.

어느 해 행감에서는 K의원이 집행부의 빈번한 수의계약 문제를 지적했다. 국가나 지방자치단체 등이 체결하는 모든 계약은 경쟁계약의 방법을 취하는 것이 원칙이다. 그런데 경쟁계약에 의하지 않고 임의로 적당한 상대자를 선정하여 체결하는 것이 수의계약이다. 수의계약은 경쟁 상대가 없기 때문에 공정성이 떨어지고 발주기관이나 계약담당자의 이해관계나 의도가 개입될 수 있어 경쟁계약에 비해 부정과 비리가 발생할 소지가 많다.

따라서 공공기관에서는 일반경쟁계약이 원칙이다. 물론 수의계약도 장점은 있다. 계약 절차가 간단하고 기술과 전문성, 경험을 가진 업체하고 신속하게 체결할 수 있다. 그래서 「지방계약법 시행령」 제25조에 의하면 추정가격이 2,000만 원 이하인 물품, 공사, 용역은 수의계약을 체결할 수 있고 여성기업, 장애인기업, 사회적기업 등은 5,000만 원 이하까지 수의계약으로 체결할 수 있다. 하지만 이 법의 취지는 반드시 수의계약을 하라는 강행 규정이 아니다. 제한적으로 부득이한 경우에 할 수 있다는 것이다. 수의계약에 엄격한 제한을 두는 것은 지방자치단체의 계약이 본래 국민의 세금 등이 재원이므로 계약 담당자의 자의적 판단으로 계약 상대자를 결정하는 것을 방지하고 모든 업체에 문호를 개방하는 등 투명성과 공정성을 높이기 위해서이다.

이런 배경에서 K의원은 최근 5년간 해당 자치구의 수의계약 비율을 제시하면서 그 문제점을 조목조목 지적했다. 담당과장은 초반엔 대수롭지 않은 듯 답변하다가 K의원의 질의 밀도가 점점 높아지자 자세를 고쳐 앉아 답변했다. 결국 계약 업무를 행정편의주의적으로 한 부분이 일부 있었다는 점을 시인하면서 조만

간 개선 방안을 마련하겠다고 했다. 행감이 끝나고 우연한 자리에서 K의원으로부터 의외의 얘길 들었다. 지역활동에 분주한 K의원은 틈틈이 계약 관계법령과 규정은 물론이고 감사 사례, 인근 자치구의 현황까지 파악하고 질의했다고 했다. 나는 K의원의 그런 노력이 반가우면서도 한편 씁쓸했다. 지방의원은 유급 보좌관이 없다. 그나마 광역의회에서는 개방형으로 임용된 전문가들이 사무처에 포진해 있어서 의원들의 의정활동을 지원한다. 하지만 구의원은 그런 외부 채용 보좌인력조차 드문 현실이다. 결국 구의원의 '개인기'에만 의존해 의정활동을 할 수밖에 없다. 그럼에도 불구하고 K의원은 집행부를 상대로 의미있는 한방을 날린 셈이다. 그래서 구의원의 예리하고 농도깊은 지적은 자칫 생길 수 있는 예산 낭비를 예방하는 차원에서 주민들의 복리를 향상시킨 사례이기도 하다. 2022년부터 전국의 지방의회에서 의원 2인당 1명의 정책지원 인력이 채용되면 보다 깊이있는 행감이 진행될 것으로 기대해 본다.

구정질문으로 주민 복리를 향상시킨 사례

「국회법」에 따르면, 정부에 대한 서면질문, 긴급현안질문 등에 대한 국회의원의 권한이 명시되어 있다. 지방의원도 유사하게 집행부를 상대로 행정 전반 또는 특정 문제에 대하여 설명을 요구하고 의견을 물을 수 있다.

의원은 지방자치단체의 장 및 관계 공무원을 출석시켜 질문을 하고 답변을 듣는 이외에 지방자치단체의 행정에 대하여 의문사항이 있거나 소견을 듣기 위하여 서면으로 질문할 수 있는 '서면질문書面質問'제도를 두고 있다. 서면질문은 지방자치단체의 지방행정 전반 또는 일정한 부분에 대하여 서면으로 질문하는 것을 말한다.[91] 관악구의회, 서대문구의회 등 일부 서울시 자치구의회에서는 구청장을 상대로 구의원이 일문일답식 구정질문을 한다. 대부분의 지방의회에서는 일괄질문, 일괄답변으로 구정(또는 시정) 질문을 진행한다.

국회 대정부질문이라는 말을 들으면 국무총리나 장관을 상대로 국회의원이 호통을 치거나 윽박지르는 모습이 먼저 떠오른다. 예전에 어느 예능프로그램에서 유시민 작가는 TV 토론 프로그램이 재미가 없거나 생산적이지 않아 보이는 이유를 출연한 패널들이 각자의 진영을 바라보고 그 진영에 속한 사람들에게 호소하기 때문이라고 말했다. 국회 대정부질문도 비슷한 이유가 작동하는 것 같기도 하다. 정말로 정책과 법률 자체가 궁금해 질문한다기보다는 정치적 공방이 우선이기 때문이다. 국회 대정부질문에서는 국회의원이 국무총리나 장관들을 상대로 인신공격도 흔하다.

그에 비하면 지방의회의 시정질문이나 구정질문은 역동성이 떨어져 지루할 정도다. 대부분의 기초의회가 '일괄질문, 일괄답변' 위주로 운영하기 때문이다. 이는 시정질문(또는 구정질문)의 주도권을 단체장에게 넘기는 것이므로 개선이 필요해 보인다. 지방의원은 주로 주민들의 생활과 밀착된 행정을 중심으로 의정활동을 하므로 집행부를 상대로 한 질문도 구체적인 정책 위주인 경우가 많다. 서대문구의회의 2020년 구정질문 주제를 일부만 살펴봐도 쉽게 알 수 있다. 예컨대 파크골프장 설치 필요성, 독립문 공원 내 대형 태극기 설치, 홍은중앙소공원~포방교 간 도로개설, 홍은1구역 도시정비형 재개발사업 추진, 웰다잉 문화 확산 사업, 전기차 충전기 확충 및 관리의 내실화, 북가좌동 소규모 주차장 설치, 불광천 나무 식재 및 분수대 설치, 전통시장 활성화와 관련한 구의 적극적인 행정 강조 등이다.

물론 지방의원도 정당 공천을 받으므로 소속 정당에 따라 의원들 사이에 이견이나 갈등은 있다. 당연히 지방의회에도 여당과 야당이 존재한다. 국회도 그렇지만 지방의회 역시 소속 정당만으로 특정 의원의 입장을 설명하기 힘들 때가 많다. 지방의회도 엄연히 정치의 장이므로 집행부의 특정 정책에 대해 지역의 이해관계, 소속 정당·동료 의원 간 친소 관계, 단체장과 개별의원의 긴밀한 소통 정도 등에 따라 구정(또는 시정)질문의 수위와 농도가 좌우된다. 야당 의원 중에는 집행부의 특정 정책을 지목해 단체장의 과시형 사업이라거나 비리 의혹이 있는 사업으로 공격하기도 한다. 가령 권익위의 청렴도 평가 결과, 재개발재건축사업, 채용 등 인사비리 등은 지방의회 야당의원의 단골 질문 소재이다.

뭐니 뭐니 해도 지방의원이 구정질문을 하면서 목소리가 커지는 경우는 지역구 현안을 물을 때이다. 이와 관련해서는 A의원이 가장 먼저 떠오른다. A의원은 본인의 지역구 동 주민센터가 낡아서 불편하다는 주민들의 민원을 자주 접하고 집행부의 소관부서와 긴밀하게 협의했다. 하지만 수년이 지나도 집행부는 사업부지가 없다는 말만 되풀이했다. 상임위에서 한 두번 질의답변을 했지만 수년째 비슷한 답변을 듣던 A의원은 집행부의 늑장 대응에 도저히 참을 수가 없어 구청장의 입장을 공개적으로 듣고자 구정질문을 했다. 국회의원 선거가 얼마 남지 않은 시기였다. 그 덕분인지 A의원의 구정질문 후 얼마 지나지 않아 부지를 마련했다는 부서의 보고를 듣고 한껏 뿌듯해하던 A의원의 모습이 지금도 생생하다. 전문위원으로서 A의원의 일부 모습만 지켜본 터라 동 주민센터 부지 마련 과정의 전모를 알 수는 없지만, 구정질문의 영향력을 실감한 사례였다. 그도 그럴 것이 구청장은 구청 조직의 최종 인사권자이자 결재권자인데, 구청장이 의회 발언대에서 의원들의 질문에 공개적으로 답변하는 자리이니 공무원들이 구정질문을 부담스럽게 여길 수밖에 없을 것이다. 지역 주민들을 대변해 집행부를 상대로 공개적으로 물어볼 수 있는 권한이야말로 지방의원의 보루가 아닐까 싶다.

5분 자유발언으로 주민 복리를 향상시킨 사례

지방의원이 의회에서 하는 주요 발언의 종류는 의사진행발언, 신상발언, 5분 자유발언 등이 있다. 의사진행발언은 일반적으로 본회의 또는 위원회의 회의 과정에서 회의 진행 방법 등에 대하여 이의를 제기하거나 자기 의견을 개진하기 위한 발언이다. 특히 이 발언은 당일 회의 진행과 직접 관련되는 것이 일반적이므로 다른 발언에 우선하여 허가한다. 신상발언은 의원 자신 또는 관련된 자의 일신상의 문제와 관련하여 회의장에서 의원 본인이 직접 해명하거나 설명하기 위한 발언을 말한다. 신상발언은 '자격심사의 건'이나 '징계의 건'에 있어서 해당 의원이 변명을 위한 발언이다. 5분 자유발언은 지방의회에 따라서 본회의가 개의되는 경우, 의원이 시책이나 사업 등 관심 사안에 대해 자유롭게 의원 1인당 5분간 발언할 수 있는 기회를 부여한 것을 말한다.[92]

「서울특별시 도봉구의회 회의규칙」 제36조에 따르면 의장은 본회의가 개의되는 경우 그 개의 시로부터 30분을 초과하지 아니하는 범위에서 의원에게 의회가 심의 중인 의안과 청원, 그 밖의 중요한 관심 사안에 대한 의견을 5분 이내에 발표할 수 있도록 하는 '5분 자유발언'을 허가할 수 있다. 5분 자유발언을 하려는 의원은 늦어도 본회의 개의 전까지 그 발언 취지를 간략히 기재하여 의장에게 신청하여야 한다.

5분 자유발언의 내용은 글자 그대로 자유롭다. 서대문구의회 홈페이지에서 5분 자유발언의 내용을 검색해 보면, 과장이 아닌 국장이 소관 상임위 업무보고를 하도록 제안하는 건, 주민자치조직의 정치적 활용에 반대하는 건, 코로나19로 인해 위기에 처한 소상공인들 지원을 강조하는 건, 아동 학대 예방 및 피해아동 보호에 관한 조례안 제정의 필요성에 대한 건 등으로 다양하다.

물론 5분 자유발언만으로 갑작스런 변화를 기대하기는 어렵다. 의원의 의정활동 수단 중 한 가지로 5분 자유발언을 봐야 한다. 본래 도구란 사용자가 활용하기에 따라 여러 가지 효과를 얻을 수 있듯이 어떤 의원은 추진 중인 조례안의 취지나 필요성을 강조하면서 '분위기를 띄우는' 목적으로 5분 자유발언을 활용하기도 하고, 또 다른 의원은 지역의 민원인들을 의식해서 보여주기식 5분 자유발언을 활용하는 사례도 있다.

내가 보기에 가장 바람직한 5분 자유발언은 집행부를 상대로 특정 사안에 대한 의원의 정책적 문제의식을 나타내면서 적극적인 조치를 당부하는 것이다. 예를 들면 J의원은 저소득 취약계층을 위한 국민건강보험료 지원정책 확대 개편, 마을버스 업체 지원, 노인일자리 관련 시니어클럽 공간 배치 조정, 자율적인 주민자치회 구성 보장, 심사 보류된 체육진흥협의회 조례안에 대한 의의 등을 주제로 5분 자유발언을 했다. 평소 상임위에서 예리한 정책 질의로 집행부 직원들을 긴장하게 만들었던 J의원다운 활동이었다. 그뿐만이 아니다. C의원은 코로나19로 인한 자가격리자의 생활폐기물 처리와 정신건강 관리 등의 문제, 지역 차원의 기후위기 대응전략 제안, 행정사무감사 시기를 제1차 정례회 기간으로 조정하는 건, 구의회 차원의 정책컨퍼런스 제안의 건 등을 주제로 5분 자유발언을 했다. 지방의회가 주민들의 눈높이에서 정책의회로 거듭나기 위해 이런 5분 자유발언이 계속해서 늘어났으면 싶다.

의원연구단체 활동과 각종 공청회 개최 등으로 주민 복리를 향상시킨 사례

「서울특별시 도봉구의회 의원연구단체 구성 및 지원 규칙」 제1조에 따르면, "도봉구 의회 의원으로서 소속 상임위원회를 초월하여 관심 있는 분야에 관한 연구를 위하여 연구 단체를 구성할 수 있도록 하고 이를 지원함으로서 입법정책개발 및 의원발의 입법의 활성화를 도모하고자 한다"고 규정하고 있다.

행정안전부의 「2020년도 지방자치단체 예산편성 운영기준 및 기금운용계획 수립기준」에 따르면, 자치단체 의결기관으로서 지방의회의 역할 및 기능 강화를 위해 해당 지방의회에 등록된 지방의원 연구단체에서 연구용역을 발주하는 경우 의원정책개발비 지원이 가능하도록 신설했다. 이에 따라 각 지방의회에는 상임위와 별개로 다양한 의원연구단체가 구성된 곳이 많다. 의원연구단체는 해당 연구단체의 연구 활동 계획서를 제출하고, 활동한 후에는 활동 결과를 보고서 형태로 의장에게 제출하고 의회 홈페이지에 공개한다.

2021년 8월 기준, 전국 지방의회에는 지역 특성을 반영하거나 동시대의 트렌드를 알 수 있는 특색있는 의원연구단체가 많다. 익산시의회의 '대중교통연구회', 영천시의회의 '한방·마늘 산업특구 활성화 연구모임', 화성시의회의 '사회적경제연구회', 용인시의회의 'Sports-City 용인Ⅳ', 송파구의회의 '세대정치연구회' 등이 그것이다. 2020년과 2021년도 도봉구의회의 '기후변화에 의한 환경대책연구회'와 '성인지적 관점의 여성정책연구회'에서는 활동 성과로 관련 조례를 제·개정하고 전문가 특강 등을 통해 집행부 소관 부서와 공감대를 형성하기도 했다.

그뿐만이 아니다. 지방의원은 각종 안건과 관련해서 공청회, 토론회 등을 개최할 수 있다. 파급효과가 적지 않은 조례안을 제·개정하거나 지역 현안에 대해 이해관계인들의 입장을 청취하기 위한 자리이다. 이를 통해 조례안의 주요 조항이 축소, 삭제, 대체될 수도 있다. 그렇지만 정책지원 인력이 풍부한 광역의회에서 정책 관련 공청회나 토론회가 빈번하다면 상대적으로 정책지원인력이 열악한 기초의회에서는 의사일정 외에 정책 관련 행사가 드문 현실이다.

실제로 서울시의회와 서대문구의회의 홈페이지에서 각종 토론회나 공청회 관련 소식을 검색해 보면 이를 금방 알 수 있다. 2021년 8월 기준, 서울시의회의 경우 코로나19 상황에도 비대면 형식으로 거의 매주 한두 개의 공청회 또는 토론회가 개최되고 있다. 예컨대 '자원 순환 교육의 현주소와 활성화 방안 토론회', '코로나19 이후 학원교육 정상화를 위한 정책 토론회', '서울시 임신중 당뇨병 조례안 제정을 위한 정책토론회' 등이 그것이다. 반면에 서대문구의회의 경우 환경 분야 조례 제·개정을 위한 간담회가 5월에, 서대문구 환경교육진흥 및 지원조례 제정을 위한 토론회가 1월에 개최되어 2021년 1월부터 8월까지 단 두 번의 행사만 있었다. 기초의원의 정책에 대한 관심과 정책지원 인력의 빈곤 등을 보는 것 같아 안타까울 따름이다. 기초의회에 주민들의 관심과 격려가 더욱 필요한 이유이다.

바쁜 중에도 특정 주제에 대해 최신 정보를 습득하고 의정활동에 반영하려는 '공부하는 지방의원들'이 많아질수록 지방의회는 질적으로 성장한다고 본다. 당신이 살고 있는 동네의 지방의회 홈페이지에서 의원연구단체, 각종 토론회 활동 결과를 검색해 보자. 주민들의 관심과 지지의 정도가 지방의원 의정활동의 질을 좌우한다.

03

물론,
꼴불견 구의원은 있습니다만

사마천의 「사기史記」에 소개된 정치 등급은 지방의회에도 유효하다. 즉 1등급 순리의 정치, 2등급 백성을 잘 살게 만드는 정치, 3등급 훈계형 정치, 4등급 백성들을 일률적으로 바로잡으려는 위압 정치, 5등급 백성들과 다투는 정치가 그것이다. 굳이 이런 등급을 들이대지 않더라도, 지방의회의 본질과 어울리지 않는 소위 꼴불견 의원이 간혹 있다. 여기서 지방의회의 본질이란 헌법과 지방자치법에서 규정한 지방의회와 지방의원의 권한과 책무를 전제로 하는 의미이다. 필자의 경험 중에서 지방의원을 꼴불견으로 느낄만한 상황과 이에 대한 공무원들의 뒷담화를 정리하면 다음과 같다. 이는 결코 지방의원을 비하하거나 희화화할 목적이 아니라 지방의회 발전의 타산지석他山之石으로 삼기 위함이다.

○ 추가경정예산안 심사 시 '시급성'을 강조하며 집행부 사업 삭감을 강조하다가 계수조정 막판에 본인 지역구 사업예산을 갑자기 끼워 넣을 때 ☞ 내로남불?
○ 집행부의 업무보고 시 본인의 지역민원만 미주알고주알 질문할 때 ☞ 지역 유권자를 의식한 발언도 좋지만 효율적인 회의를 위해 별도로 협의해 주시길
○ 그럴 수밖에 없는 집행부의 내부사정(상위법령 위반, 예산 부족, 소관 부서 불명확, 선례가 없는 경우 등)을 충분히 들어보지도 않고 우격다짐할 때 ☞ 목소리 큰 사람이 이기나요?
○ 자격이 부족한 수의계약 업체 추천, 산하기관 임기제 직원 채용 청탁 등으로 구민들 다수의 이익보다 의원의 사적인 이익을 우선할 때 ☞ 낮말은 새가 듣고 밤말은…….
○ 동료의원과 고소·고발에 휘말릴 때 ☞ 최악
○ 업무보고 때마다 공무원들에게 구의원에 대한 인사를 강조할 때 ☞ 직원들이 먼저 찾아와 인사하게 만들어야 고수 아닌가요?
○ 의회사무국뿐만 아니라 집행부 직원들 앞에서 매번 동료의원을 뒷담화 할 때 ☞ 동료의원들의 약점은 곧 집행부에게는 유용한 정보. 누워서 침뱉기
○ 본인이 대표 발의한 조례안의 주요 내용이나 기본 현황에 너무 무관심하거나 무지할 때 ☞ 조례안을 왜 발의하신 겁니까? 참을 수 없는 조례 발의의 가벼움…….
○ 상임위에서 매번 다짜고짜 언성부터 높이거나 국·과장이 설명하려해도 말문을 막을 때 ☞ 혹시 '블랙컨슈머Black Consumer'? 집행부 과장·국장들은 감정노동자?
○ 부담갖지 말라면서 직원들에게 '예고없이' 술자리나 식사자리를 제안할 때 ☞ 입장을 바꿔 생각해 보세요. 밥은 편하게 먹고 싶답니다.
○ 고유업무는 소홀하면서 의원들과 술자리만 챙기며 소위 '의전만 잘하는 직원'을 좋아할 때 ☞ 공무원이라고 다 같진 않죠. 사람 보는 안목이 선출직의 내공!
○ 동료 여성의원이나 여직원들이 합석한 자리에서 남성의원이 성적 농담을 할 때 ☞ 앞에선 웃어주지만 엄청 뒷담화하는 거 모르셨죠? 술 못하는 직원한테 억지로 술을 강요하는 것도 마찬가지
○ 본인의 대학 또는 대학원 과정의 과제물을 직원들에게 부탁할 때 ☞ 말만 부탁이지, 이런 게 '갑(甲)질' 인거 모르세요? 공과 사는 구분해주셔야.
○ 의회사무국의 공용물품(사무용품, 주방용품, 각종 비품, 도서 등)과 공용차량을 자신의 것처럼 사용할 때 ☞ 참 쪼잔하기는……. '공용'은 진짜 '공적' 목적으로만 사용해주세요.
○ 상임위 회의 때 매번 눈도장만 찍고 나가는 의원 ☞ 의정활동비 등은 왜 받으십니까?

04

구의원을 위한 변명1

일반직공무원과 달리 지방의회 의원은 「지방공무원법」상 정무직 공무원이다. 주민들의 투표로 선출되므로 당연히 선거 전후로 희비가 엇갈린다. 일부 지방의원들은 4년의 임기를 강조하면서 스스로를 '4년 계약직'으로 부르기도 한다. 처음 지방의회가 부활했을 때는 무보수 명예직이었지만, 명예를 노리고 정치판에 뛰어든 지역 유지들이 각종 이권 개입으로 처벌되는 등 제대로 역할을 못하자 2006년 유급제로 전환했다. 유급제 도입 이전에는 농업, 상업, 제조업 출신 의원이 많다가 2006년 이후에는 대졸 정당인 출신이 늘어 겸직을 하지 않는 전업 의원이 2017년 기준으로 약 70%에 이른다.[93] 하지만 나의 경험상 기초의원의 경우 음식점이나 공인중개사무실 등을 운영한 지역 소상공인 출신이거나, 시민단체 관계자, 사회복지시설 근무 경력자 등이 많고 국회의원 보좌진 출신도 더러 있었다.

지방의원의 의정활동은 크게 지역구(관리) 활동, 정당 활동, 원내 의정활동 등의 세 가지로 나눌 수 있다. 지역구 관리란 주로 주민들의 민원을 처리하거나 지역의 각종 회의나 모임에 참석하는 활동을 말한다. 원내 의정활동이란 의회에서 안건을 심사하고 행정사무감사를 하며 집행부를 견제하는 활동을 의미한다. 비율의 차이가 있을 뿐 대부분의 지방의원들은 이 세 가지 활동을 중심으로 임기를 보낸다. 지방의원에게는 임기 내내 이 '세 마리 토끼'를 어떻게 잡느냐가 관건이다.

지방의원은 정당활동을 최우선으로 둔다. 무소속이 아닌 이상 정당의 공천을 받아 당선된 의원이라면 소속 정당에서 주최하는 각종 회의와 행사에 참석하는 건 당원의 '의무'이기도 하다. 특히 지방의원들의 공천에 막강한 영향을 미치는 것은 해당 지역구 국회의원이다. 특정 지역에서는 특정 정당의 공천이 곧 당선으로 이어지므로 국회의원의 영향력은 지대할 수밖에 없다. 국회의원은 지방의원에게 지역구 관리를 맡기는 등 국회의원-지방의원 간의 상하관계를 공고히 다지고 있다. 지방자치단체의 권한과 책임을 향상시키는 자치분권을 강조하는 추세에도 여전히 지역정치는 중앙정치에 예속되어 있는 셈이다. 임기 중에 국회의원 선거와 대통령 선거가 있는 해에 지방의원은 더욱 바빠진다. 지역위원장인 국회의원과 함께 지방의원 본인의 지역구 사조직을 총동원해서라도 물밑에서 유세를 도와야 하기 때문이다.

지방의원마다 차이는 있겠지만, 기초의원의 '정당활동: 지역구 관리: 원내 의정활동'의 비율은 대개 4:3:3 또는 5:4:1 정도로 보인다. 기초의원일수록 상대적으로 원내 의정활동 비율이 적다. 물론 24시간, 365일 동안 모든 지방의원을 전수조사한 것은 아니지만, 6:3:1 정도로 원내 의정활동을 최소화하면서 임기를 보내는 구의원도 적지 않은 것 같다. 심지어 국회의원의 지역구 관리를 대신하고 지역 민원을 처리하는 정도를 기초의원 역할의 전부라고 생각하는 구의원도 여러 명 봤다. 그만큼 기초의원의 공천과 당선에 지역구 국회의원의 영향력은 지대하다. 지방의원이 지방자치 자체보다 중앙정치나 지역구 국회의원에게 충성하는 이유이다. 당연히 지방의원의 공천 기준도 의정활동 상식이나 원내 의정활동의 성과, 지방의회 관련 정치적 비전 등은 별로 상관없다. 지방의원의 자질을 논할 때 이런 공천제도의 구조적 문제나 관행을 함께 봐야 한다. 다행히 과거 10여 년 전에 비하면 최근 들어 의회마인드 등 기본 소양을 겸비한 지방의원들이 많이 당선되어 본연의 역할을 한다는 평가가 많아졌다. 만일 우리 동네에 수준 낮은 지방의원이 있을 경우, 그것은 정당의 수준 낮은 공천제도와 지방자치 마인드가 부족한 국회의원 때문이라고 한다면 너무 심한 말일까. 씁쓸하게도 2022년 3월 기준 기초의회의 현실은 그렇다.[94]

여느 정치인들처럼 기초의원도 바쁘다. 크고 작은 지역행사에 불려다니기 일쑤다. 의욕이 앞서는 어느 초선 기초의원이 동네 이곳저곳의 모든 행사에 참석하다가 1년도 안 돼 자포자기하는 경우도 봤다. 동마다 상황은 다르겠지만 서울시 자치구의 동별 직능단체는 적게는 5개에서 많게는 15개 내외까지 이른다. 주민자치위원회, 통장협의회, 새마을부녀회, 자율방범대, 의용소방대 등이 그것이고 단체별 정기회의와 임시회 등이 운영된다. 그 밖에 지역의 각종 경조사와 바자회, 산악회, 조기축구회, 배드민턴 동호회 등의 생활체육동호회에 이르기까지 밤낮으로 행사와 모임이 이어진다. 이 세상에 바쁘지 않은 정치인이 있을까? 하루가 멀다하고 걸려오는 민원인의 전화, 각종 지역구 행사, 국회의원과 시의원, 공무원 등과 하는 각종 회의까지 기초의원의 하루는 짧다. 당선 직후 1년 정도는 행사와 회의 참석만으로도 소화해야 할 일정이 벅찰 정도라는 전직 구의원의 말이 과장이 아닌 것 같다. 이런 현실에서 기초의원이 안건을 차분하게 공부할 시간을 자주 할애하는 것은 어찌 보면 사치스럽게 느껴질 수도 있다. 상대적으로 국회의원과 광역의원은 보좌진이 양적으로나 질적으로 두텁기 때문에 같은 선출직이지만 전문적인 서비스를 지원받을 수 있다. 천여 명 이상의 공무원들에 대한 인사권을 가지고 있는 구청장과는 비교할 수가 없다. 그야말로 기초의회는 언감생심이다. 그런데 기초의원이 크고 작은 지역행사마다 눈도장을 찍느라 집행부를 견제하고 비판하기 위한 안건 공부 등과 같은 원내의정 활동 시간이 부족하다면 이런 현실 자체가 과연 바람직한 걸까?

05

구의원을 위한 변명2

"나에게 나무를 자를 여섯 시간을 준다면
나는 먼저 네 시간을 도끼를 날카롭게 하는 데 쓰겠다."

에이브러햄 링컨

분주하게 의회와 지역구를 오가는 기초의원을 마주할 때면 나는 엉뚱하게도 루이스 캐럴Lewis Carroll의 동화《이상한 나라의 앨리스》속 흰 토끼가 떠오른다. 그 흰 토끼는 주인공 앨리스에게 자세한 설명도 해주지 않으면서 회중시계를 들고 다니며 '바쁘다 바빠'라는 말을 중얼거리는 모습이었다. 만일 나무를 베도록 주어진 시간이 4년이고 초선의원이라면 적어도 1년 내외의 시간은 '도끼를 가는 데' 사용하도록 권하고 싶다. '도끼를 가는 일'이란

의회의 1년 일정을 경험하면서 그때그때 의정활동에 필요한 사항을 체크하고 필요한 자료를 숙지하는 시간을 의미한다. 공무원들은 자신들보다 무식한 지방의원을 가장 혐오한다. 공무원들은 필기시험에 의한 공채출신인 자신들에 비해 구의원은 잘 알지도 못하면서 큰소리만 친다고 생각하기 쉽다. 여기서 공무원한테 정말로 전문성이 있는지 여부는 별론으로 하더라도 지방의원의 전문성을 폄하하는 세간의 평가가 여전한 배경에는 공부하지 않는 또는 공부하고 싶어도 할 수 없는 지방의원들 나름의 사정이 있다.

앞서 살펴보았듯이 지방의원은 지역구 관리 활동, 정당 활동, 원내 의정활동 등의 세 마리 토끼를 잡아야 한다. 이 토끼들 중에서 투자시간에 비해 눈에 보이는 성과를 얻기가 어려운 분야가 원내 의정활동이라는 토끼일지도 모른다. 초선의원일수록 그 토끼의 핵심인 관료집단의 생리를 파악할 때까지 적잖게 애를 먹는다. 무엇보다 앞의 두 마리 토끼를 잡는 궁극적인 목적도 마지막 토끼인 의정활동을 잡기 위한 것이라고 나는 생각한다. 물론 주객이 전도되어 지방의회의 원내 의정활동이 정당 활동을 위한 수단에 불과할 수도 있다. 예를 들면 중앙이나 광역시의 정당 행사나 지역구 국회의원의 행사에 참석하느라 지방의회의 임시회 기간 중 상임위나 본회의에 빈번하게 불참하는 경우이다. 지방의회에 근무하는 나의 소견으로는 이것은 지방의원에 투표한 지역주민들을 속이는 처사라는 생각이다. 어떻게 하면 좋을까? 중앙정치와 협력하되 지방의원 스스로 문제의식을 가지고 지역의 문제를 해결하려고 노력하며 원내 의정활동이 중심이 되어야 한다. 그래야 진정한 지방자치가 작동하고 주민들의 진짜 요구를 놓치지 않을 수 있다. 물론 현재의 지역정치나 공직선거법, 지방의원의 위상을 생각하면 이런 나의 주장이 이상적으로 들릴 수도 있다. 그런 의미에서 현역 의원이 원내 의정활동이라는 세 번째 토끼를 잡을 경우 다음 선거에 공천이나 당선을 유력하게 해주는 선거제도 개혁과 주민들의 의식 변화가 중요하다.

의정활동 경험이 적은 기초의원일수록 '공무원들이 어련히 알아서 잘하겠지.'라고 생각하기 쉽다. 이것은 마치 모든 사람은 성실하게 일한다고 단정하는 것과 비슷하다. 공무원도 엄연히 직장인이고 월급쟁이라는 점을 감안하면 꼭 그렇진 않다는 것을 금방 알 수 있다. 의정활동 경험이 적은 초선의원일수록 집행부와 관계설정에 어려움을 겪는다. 특히 기초의회는 국회나 광역의회와 그 양상이 많이 다르다. 비례대표 국회의원은 말할 것도 없고 지역구 국회의원은 지역에서 표를 얻은 후 의정활동은 중앙부처 공무원들을 상대로 한다. 광역의원도 선거구가 기초의원에 비해 넓다보니 집행부 공무원이 '익명성'을 띤다. 업무 외엔 공무원과 지방의원이 딱히 마주칠 일이 적다는 뜻이다. 그에 비하면 기초의원은 집행부 공무원들이 의원의 지역구에 주소지를 두고 있는 유권자일 경우가 많다. 상임위에서 혼을 냈던 담당과장이나 팀장이 구의원의 지역구에 있는 아파트에 거주한다거나 심지어 그 직원의 배우자가 아파트 동대표라면 구의원의 심경이 어떻겠는가?

기초의원일수록 당선되기 전부터 이미 오랜 지역활동을 통해 집행부 직원들과 구면인 경우가 많다. 구청과 같은 기초자치단체 직원은 퇴직 때까지 시청같은 상급지자체에 파견근무를 하거나 다른 지자체로 전출을 가지 않는 한 거의 해당 지자체를 떠나지 않는다. 기초의원으로 공천되는 사람 역시 지역의 터줏대감이 대부분이다. 이렇게 한 다리 건너면 아는 사이에서 법만큼 중요한 것은 '형님 동생 문화'이다. 전형적인 대면행정이다. 이런 특성이 긍정적으로 작동하면 비도시지역의 경우 어지간한 지역갈등도 의외로(?) 쉽게 해소되기도 한다. 도시지역에서 빈번한 각종 공사 피해 민원이 비도시지역에서 상대적으로 적은 이유 중 하나이다. 각종 건축인허가 및 대규모 공사 건수 자체가 비도시지역이 도시지역에 비해 적기 때문이기도 하지만 축사 건축 피해 등의 경우처럼 의외로 원만히 합의가 이뤄지기도 한다. 반면에 '형님 동생 문화'가 자칫 부정적으로 작동할 경우 배타적으로 표출되어 변화와 혁신을 외면하는 때도 있다.

그래서 기초의원일수록 공무원들에게 '웃는 낯에 침을 뱉기'가 어려울 수 있다. 그럼에도 불구하고 기초의원은 끈끈함 속에 감추어진 관료집단의 무사안일과 그들만의 이익을 짚어야 한다. 그들만의 조직논리나 행정편의주의보다 대다수 주민들의 이익을 놓치지 말아야 한다. 그렇다고 집행부 직원들을 항상 경계의 눈으로만 보자는 것은 아니다. 선출직 단체장의 공약을 이행하기 위해서, 공익마인드로 공직에 입문했던 첫마음으로 불철주야 일하는 공무원들도 적지 않다. 의원 입장에서는 수시로 발생하는 지역 민원을 조금이라도 신속히 처리하기 위해서는 집행부 담당자들의 협조가 중요하다. 어차피 일은 사람이 하기 때문이다. 지방의원, 제대로 하려면 결코 만만치 않은 직업이다.

에필로그

지방의회에 도전하라!

"처음 뵙겠습니다. 도봉구의회 전문위원 이일우입니다."

"네, 반갑습니다. ……제가 도봉구청장님을 잘 아는데……."

"아, 네……."

내가 자치구의회에서 일할 때 교수, 변호사 등 소위 전문가 집단에 가면 흔히 당면했던 상황이다. 내 직장을 말하는 순간 상대방은 구청장과의 친분을 말하기 일쑤다. 처음 들었을 때는 우리 구의 청장을 잘 안다고 하니 반가웠다. 서울시에 25개 구청장이 있는데 어떻게 아는 사이일까 신기하기도 했다. 하지만 그런 인사를 자주 받으면서 문득 이상하다는 생각이 들었다. 내게 구의회 의장을 잘 안다고 하는 인사는 가물에 콩 나듯 했기 때문이다. 내가 만일 국회사무처에 근무한다고 했다면 상대가 대통령을 잘 안다고 말했을까? 내가 서울시의회 전문위원이라고 소개했다면 과연 나한테 시장을 잘 안다고 말했을까? 그만큼 구의회와 구청이 중앙부처나 광역자치단체에 비해 규모도 작고 독립적인 기관으로 인식되지 않아서 그럴지도 모른다. 사실 '00구'라고 듣는 순간 구청장을 먼저 떠올리는 게 현실이다. 서울시라는 말을 들으면 서울시의회 의장보다는 서울시장을 먼저 연상하듯 말이다.

지방의회와 집행부는 과연 대등한가? 구청장과 비교할 때 구의회의 법적 권한 자체는 결코 밀리지 않는다. 그러나 현실은 그렇지 않다. 개정된 지방자치법이 시행됐지만 2022년 4월 기준, 구의회 사무국장부터 전문위원, 팀장 등 의회사무국 직원의 절반 이상은 구청으로 복귀할 '파견' 형태의 행정직 공무원이다. 구의회의 인사권이 독립되었지만 인사에 대한 구체적인 밑그림이 없는 상태에서 승진이 불투명한 의회사무국 근무를 자처할 6급 이상 행정직은 많지 않았다. 그러다 보니 현재 구의회 사무국의 인력 구성은 손님인 파견자가 주인인 의회 소속 직원보다 훨씬 많은 기형적인 조직인 것이다. 이처럼 구청으로 복귀할 파견직원들이 의회사무국 의사결정의 주요 보직을 구성하는 현실에서 구의회 인사권 독립을 실감하기는 아직 어렵다.

예전에 어느 일간지의 칼럼 제목이 내 눈길을 확 사로잡은 적이 있다. 전 한화투자증권 주진형 대표이사가 기고한 그 칼럼의 제목은 "한국은 '삼권분립'을 해본 적이 없다"[95]였다. 다소 도발적인 주제였는데 필자의 주장과 논리는 이랬다. 삼권분립을 하려면 우선 삼권을 분리해야 한다. 그러나 역사상 한국은 국가 권력이 실제로 이렇게 분리되어 본 적이 없다는 것이 주 대표이사의 주장이다. 행정부 수장에게 통치권이 집중되어 있고 입법부가 법을 만드는 기능이 대단히 약하여 입법 활동의 대부분이 행정부가 만든 법안을 일부 심사하고 통과시키는 역할에 머물기 때문이다. 그 법도 세부사항을 지나치게 행정부의 재량에 맡긴 형태로 통과되기 일쑤라는 것도 그의 문제의식이다.

그 칼럼 제목을 보는 순간 나는 엉뚱하게도 '한국은 기관분립형 지방자치를 해본 적이 없다'는 문장을 떠올렸다. 한국의 지방자치단체는 제도적으로 의결기능과 집행기능을 한 기관에 집중시킨 기관통합형(또는 기관단일형)이 아니고 기관분립형(또는 기관대립형)의 형태를 택하고 있다. 즉 의결기관과 집행기관으로 각각의 기능과 권한을 분리하고 있다. 여기서 의결기관이 바로 지방의회이다. 그런데 지방의회 그중에서 기초의회가 집행부와 진정으로 '대립'해본 적이 얼마나 있을까, 과연 대립하고는 싶을까? 의원의 자질이 부족해서, 의원이 공무원보다 전문성이 부족해서, 의정활동의 지원인력이 부족해서, 동네에서 오래전부터 다 아는 처지에 굳이, 공무원들한테 지역구 민원 처리를 부탁해야 하니까 등등의 이유로 사실상 기초의회는 그 책임을 소홀히 하진 않았는지 묻고 싶다.

그렇다면 이런 지방의회의 현실이 과연 지방의원만의 탓일까? 현행 공직선거제도의 문제점은 차치하고, 한 사람의 국회의원이 의정활동 성과를 내기 위해서는 수많은 보좌진의 노력이 필요하듯이 지방의원도 마찬가지이다. 누가, 어떻게 보좌하느냐에 따라 지방의원의 의정활동 성과가 달라지는 경우를 많이 봤다. 기초의원의 전문성 운운하기 전에 기초의원을 보좌하는 의회사무국 인력의 질과 양을 따져봐야 한다.

일례로 수년 전 서울시 S구의회에서는 의회사무국으로 발령받은 지 6개월밖에 안 된 5급 행정직 전문위원을 다시 구청으로 인사발령을 냈다가 의원들의 강한 반발로 구청장이 철회한 사실이 있다. 전문위원이 어떤 직위인가? 지방자치법에서 규정하고 있고 상임위원회에서 의원들의 의안 검토를 지원하는 중요한 역할을 한다. 다행히 S구의회 의원들은 전문위원을 구청의 필요에 따라 의회사무국에 넣다 뺐다하는 것은 지방의회와 의원들을 무시하는 것으로 보고 결의안까지 발의했다. 집행부가 의회를 바라보는 안일한 인식을 드러낸 해프닝이 아닐 수 없다. 물론, 그 해프닝의 당사자인 전문위원이 퇴직을 1년 남짓 남겨놓은 사무관이었으므로 결재 권한도 없는 구의회 전문위원보다는 동장洞長이나 구청 과장으로 공직을 마무리하고 싶다는 본인의 전보 희망이 일부 반영됐다는 후문도 있었다. 이렇듯이 조금 심하게 표현하면 구의회 사무국 인사는 이제까지 집행부의 종속변수였다고 해도 과언이 아니다.

2021년 10월 모 정당의 대표가 기초의원을 비하하는 발언을 하여 논란이 생긴 일이 있다. 문제의 발언은 "지금까지는 기초의원이라고 하면 동네에서 중장년층 남성이, 보통 직업은 동네에서 자영업을 하시고, 밤늦게까지 동네 유지처럼 술 드시고 다니시고 이러면서 '어 형님 동생' 하신 다음에 같이 좀 불법도 저지르면서 같이 유대관계를 좀 쌓고, 이렇게 으쌰으쌰 하면서 조직을 만들어 '나 당원 가입시켜 줘' 해 가지고 당원 한 200명 정도 모으면 공천되고 이런 시스템이었다"라는 내용이다. 발언 내용의 사실 여부를 떠나서 지방의원에 대한 정당 관계자 등의 평소 생각을 엿볼 수 있었다. 일부 지방의원의 경우 다른 분야에서 전문성을 쌓은 후 선거 직전에 영입되기도 한다. 사정이 이렇다 보니 민선 7기 기초의원 평균 연령이 58세이고 50대 이상이 72.3%에 달해 '늙은 의회'이며 2030 의원이 한명도 없는 지역구도 절반이라는 언론보도[96]가 있을 정도이다. 사익 추구를 막으려면 다양성이 확보돼야 한다.

직업으로서의 정치인도 그렇지만 특히 지방의원도 일종의 전문직이다. 지방의원들을 가까이에서 지켜볼수록 이런 내 생각은 더욱 확고해졌다. 지방의원도 엄연히 전문적인 식견과 기술이 필요한 정치 분야 종사자이기 때문이다. 기자들이나 카메라 앞에서 잔뜩 목에 힘을 주고 정부 고위 관료들을 혼내는 모습만 보면 정치라는 직업이 쉬워 보일 수도 있다. 하지만 복잡한 지역문제나 이해관계, 갈등관계를 파악하고 처리 방향을 결정하며 입장이

다른 동료의원이나 집행부, 주민들을 효과적으로 이해 설득 시키는 과정은 결코 만만치 않은 일이다. 어느 초선 구의원이 당선 후 첫 1년의 의정활동을 하고서 농담처럼 내뱉은 말이 인상적이었다. '구의원, 이거 정말 극한직업이다…….' 거의 매일 5~6개 이상의 지역행사나 각종 회의에 불려다니고 수시로 민원인들의 전화나 문자를 받으며 첨예한 갈등 상황을 직면하고 원내 의정활동까지 챙겨야 하는 구의원의 부담감을 솔직하게 토로한 셈이다. 정치를 하는 사람을 너무 선민의식으로 보는 것도 바람직하진 않지만 그렇다고 너무 만만하게 보는 것 역시 곤란하다. 지방의원 역시 '아무나' 시작할 수는 있어도, '제대로' 하긴 힘든 직업일지도 모른다.

그럼에도 불구하고 나는 20, 30대 청년들이 지방의회에 적극 도전하도록 권하고 싶다. 지방의회의 구성원은 크게 지방의원과 사무직원이 있다. 지방의원은 지방선거로 선출되는 정무직 공무원이다. 사무직원은 일반직 공무원을 말한다. 지방의원이 좋은가, 의회사무국 직원이 좋은가는 별로 중요하지 않다. 다만 지방의회에서 일하고 싶은 청년이 있다면 본인이 하고 싶은 일이 직업정치인지 아니면 공무원인지를 먼저 결정해야 한다. 이에 따라 준비해야 할 사항이 워낙 다르기 때문이다.

만일 지방의원이 되고 싶은데 정치 경험이 없고 주변에 아는 직업정치인도 없는 청년이라면 기존 정당의 중앙당 사무처나 지역의 당원협의회 사무실 등에서 자원봉사부터 시작해보면 어떨까? 지지하는 정당의 지역사무실을 방문하거나 본인이 거주하는 동네의 주민자치회, 주민참여예산위원 등부터 활동을 시작해 조금씩 입지를 넓혀도 좋겠다. 그러면서 본인이 살고 있는 지역의 현안이 무엇이고 어떤 문제가 있으며 이해관계자들의 입장이 무엇인지를 공부하면 좋겠다. 결국 지방의원이 하는 일도 큰 틀에서는 이와 다르지 않다. 국회의원 등의 보좌관으로 정치 경험을 쌓아도 좋다. 국회 홈페이지에서는 각 의원실마다 보좌진을 채용하는 공고가 자주 게시되고 있다.

2022년 5월 기준, 청년 지방의원의 활동 사례는 전국적으로 적지 않다. 활동가에서 구의원으로 커리어를 전환한 대전광역시 유성구의원 황은주는 '조금 더 빠르게 미래를 준비하는 사람'이라고 스스로를 소개한다. 황은주는 1인 가구를 위한 안심 방범 키트를 지원하고 플로깅을 함께하며 새로운 방식의 공동체를 만든다. 그 바탕에는 1인 가구가 미완성 상태가 아니라 그 자체로 온전한 라이프 스타일이라는 관점이 담겨 있다. 전라북도 전주시의원 서난이는 '누가 월 100만 원만 그냥 주면 좋겠다'고 생각하는 대학원생이었는데, 누군가는 이런 고민을 조금 덜 했으면 한다는 생각으로 정치를 시작했다. 가장 먼저 주목한 건 미취업 상태에 놓인 청년들의 건강 문제였다. 전주시에서부터 이들이 직장보험 없이도 무료로 건강검진을 받을 수 있게 했고, 이 정책을 전국으로 확대했다. 비정규직 노동자와 가정에서 전업으로 아이를 돌보는 주부까지 새롭게 국가 정책의 울타리로 들어왔다. 서울특별시 관악구의원 이기중은 쉬는 날에는 종종 배달 라이더로 일하며 빠르게 변하는 미래의 일자리에 필요한 새로운 노동법을 고민한다.[97]

한편 지방의회의 일반직 공무원은 행정직 사무국장(과장)을 비롯해 전문위원, 팀장, 정책지원관 등이 있다. 여기서 사무국장과 사무국 소속 대부분의 공무원들은 9급 또는 7급 공채시험을 통해 임용된 후 의회로 파견 발령을 받은 행정직렬이다. 2022년 1월부터 전부개정된 지방자치법이 시행되면서 의회사무국 직원에 대한 인사권이 의장에게 주어졌다. 앞으로 좀 더 논의가 필요하겠지만 '의회직렬' 또는 '의회직류'가 신설될 경우 지금과는 지방의회의 분위기가 사뭇 다를 거로 예상된다. 특히 개정된 지방자치법에 따라 2022년부터 2023년까지 전국 지방의회에서는 의원 2명당 1명꼴로 의정활동을 지원하는 인력을 채용할 예정이므로 뜻이 있는 20, 30대 청년들의 적극적인 관심이 중요하다. 9급이나 7급 공무원 채용시험이 아니더라도 전문위원이나 정책지원관에 도전해볼 수 있다. 2020년 12월 기준, 전국 지방의회 사무직원 현황은 총 6,164명이고 이 중에서 광역의회 사무처 직원 정원은 전문위원 수를 포함해서 2,006명이고 기초의회 사무국 직원 정원은 4,158명이다.

지방의회가 지방의원 또는 관료집단만의 전유물이 아니라 진정으로 주민들과 함께 하려면 공직선거법이나 지방자치법 등의 제도개선과 별개로 공적 마인드와 의회마인드를 겸비한 선출직 의원과 전문 보좌 인력의 충원이 시급하다. 내 생활을 바꿀 수 있는 지방의회를 만들기 위해 주민들의 지속적인 관심과 참여가 절실한 이유이다. 청년들이여, 지방의회에 과감히 도전하시라!

1 2016년 1월 15일 강원도민일보

2 서우선, 「지방자치의정보좌관」, 한국산업기술원 지방자치연구소, 2005, p.853

3 2021년 6월 30일 경향신문, 김한종 “지역 실정 맞춘 코로나 방역모델 큰 효과…사회문제 해결·균형발전도 지방자치로” 해결·균형발전도 지방자치로”

4 행정안전부, 지방의원 의정활동 안내서, 2018년 7월, p.40

5 최민수, 지방의회운영, 제윤의정 학술연구소, 2018년 7월 1일, pp.3~6

6 서울특별시의회, 자치·분권시대 지방의회 위상 정립 및 지방의회의원 역량 강화방안, 2018 서울특별시의회 연구용역 최종보고서, 2018년 12월, p.61

7 최인수·김건위, 기초의원 자체역량 강화방안 연구, 한국지방행정연구원, 2016, p.16

8 정해동, 왜! 지방자치인가, 좋은땅, 2021년 3월 16일, p.107

9 김태영, 자치분권 추진과 지방의회의 위상과 역할에 관한 탐색적 연구: 기관구성 형태에 관한 논의, 《한국지방행정학보》 제15권 제3호(2018. 12): 201~221, p.209

10 이세진, 해외지방의회의 운영체제와 운영사례, 한국지방행정연구원, KRILA Newsletter7, July 2012 Vol.36, pp.18~20

11 김태영, 자치분권 추진과 지방의회의 위상과 역할에 관한 탐색적 연구: 기관구성 형태에 관한 논의, 《한국지방행정학보》 제15권 제3호(2018. 12): 201~221, p.211

12 김태영, 자치분권 추진과 지방의회의 위상과 역할에 관한 탐색적 연구: 기관구성 형태에 관한 논의, 《한국지방행정학보》 제15권 제3호(2018. 12): 201~221, pp.212~213

13 2021년 6월 3일 머니투데이

14 신영복, 변방을 찾아서, 돌베개, 2012년 5월 21일

15 최진석, 경계에 흐르다, 소나무, 2017년 8월 23일

16 2018년 2월 13일 한겨레신문, [조효제의 인권 오디세이] 호모 로컬리스와 지방분권

17 정석, 나는 튀는 도시보다 참한 도시가 좋다, 효형출판, 2014년 8월 1일, p.251

18 정석, 도시의 발견, 메디치, 2016년 9월 30일, p.259

19 행정안전부, 지방자치단체 행정구역 및 인구현황, 2019년 8월 8일

20 이기우, 지방분권을 위한 헌법개정 과제, 지방자치 이슈와 포럼12, 2017/정해동, 왜! 지방자치인가, 좋은땅, 2021년 3월 16일, p.39에서 재인용

21 국회 보건복지위원회 수석전문위원 김승기, 모자보건법 일부개정법률안 검토보고, 박광온 의원 대표발의(의안번호 제1818호), 2016년 10월, p.4

22 「도시공원 및 녹지 등에 관한 법률」

제15조(도시공원의 세분 및 규모) ① 도시공원은 그 기능 및 주제에 따라 다음 각 호와 같이 세분한다.

1. 국가도시공원: 제19조에 따라 설치·관리하는 도시공원 중 국가가 지정하는 공원

2. 생활권공원: 도시생활권의 기반이 되는 공원의 성격으로 설치·관리하는 공원으로서 다음 각 목의 공원

가. 소공원: 소규모 토지를 이용하여 도시민의 휴식 및 정서 함양을 도모하기 위하여 설치하는 공원

나. 어린이공원: 어린이의 보건 및 정서생활의 향상에 이바지하기 위하여 설치하는 공원

다. 근린공원: 근린거주자 또는 근린생활권으로 구성된 지역생활권 거주자의 보건·휴양 및 정서생활의 향상에 이바지하기 위하여 설치하는 공원

3. 생략

② 제1항 각 호의 공원이 갖추어야 하는 규모는 국토교통부령으로 정한다.

23 2018년 3월 8일 법제처 국가법령정보센터 검색결과

24 서대문구의회 행정복지위원회 전문위원, 「구립어린이집 운영」사무의 민간위탁 동의안 검토보고서, 2014년 8월 27일, p.4

25 2017년 8월 16일 서울시여성가족재단 보도자료

26 2021년 7월 20일 문화일보

27 2021년 7월 18일 아시아경제

28 2021년 7월 14일 파이낸셜뉴스

29 2021년 7월 4일 KBS NEWS

30 2020년 11월 5일 서울신문

31 2021년 6월 22일 한국농어민신문

32 2021년 7월 4일 한겨레21 제1370호

33 보건복지부, 2020년도 지방자치단체 출산지원정책 사례집, 2020년 9월, pp.62~320

34 2021년 6월 30일 중앙일보

35 2019년 9월 3일 신아일보

36 예를 들면 '관내 노인 1인 가구 감소율' 또는 '노인인구 자살율 감소율' 등

37 국회입법조사처, 지역축제 성과의 영향요인 분석과 개선방안: 보령머드 축제, 함평나비축제, 화천산천어축제의 비교분석, 정책보고서 Vol. 29, 2013년 12월 31일

38 문화체육관광위원회 수석전문위원, 서울특별시 축제 육성 및 지원에 관한 조례안 검토보고서, 서울특별시의회 제291회 임시회, 2020년 3월 4일, pp.5~6

39 행정자치부, 2017년도 지방자치단체 「예산편성 운영기준 및 기금운용 계획 수립기준」, pp.43~45

40 한국지방행정연구원, 2015 지방자치단체 재정분석 단체별보고서, 2016년 12월, p.44

41 지방재정365(지방재정통합공개시스템) 검색결과

42 2019 서울시 축제 평가-관람객 만족도 평가 배점

평가 항목	평가 내용	배점
축제 만족도	축제 프로그램 및 전반의 만족 정도	25.0
축제 성과	축제로 인한 사회적인 효과에 대한 만족도	25.0
재참여 의사	차년도 축제 참여 의사	25.0
타인 추천 의향	지인추천의사	25.0
합계		100.0

※ 출처: 서울특별시·서울문화재단, 2019 서울시 축제평가 종합결과보고서, p.22

43 양리리, 책 읽는 도시, 서울연구원 미래서울 연구총서13, 한울아카데

미, p.23

44 서울시의회 기획경제위원회 수석전문위원, 서울특별시 지역 서점 활성화에 관한 조례안 검토보고서, 2016년 6월, pp.3~4

45 법제처 국가법령정보센터에서 '아동친화도시'를 검색어로 조사한 결과이다

46 주혜진·이선민·장온정·이유라, 대전광역시 여성친화도시 기본계획 수립, 대전세종연구원, 2019년 10월, pp.3~9

47 행정복지위원회 전문위원, 서울특별시 서대문구 여성친화도시 조성에 관한 조례안 검토보고서, 서대문구의회 제258회 임시회, 2020년 3월 31일

48 여성가족부·한국여성정책연구원, 《여성친화도시 조성 매뉴얼》, 2017, p.9

49 조주은·김예성, 여성친화도시의 운영실태와 개선과제, 국회입법조사처 현장조사보고서 vol.50, 2017년 1월 9일, p.46

50 2020년 3월 17일 기준, 법제처 국가법령정보센터 검색결과에 따르면 강남구, 강동구, 금천구, 동대문구, 마포구, 서초구, 성동구, 양천구, 종로구 등임

51 서울특별시 서대문구의회 행정복지위원회 전문위원, 서울특별시 서대문구 교육경비 보조에 관한 조례 일부개정조례안 검토보고서, 2017년 9월 4일, pp.3~6

52 한국교육개발원(2016), 지방교육재정알리미 활용 분석을 통한 지방교육재정 효율화 방안

53 「지방교육재정교부금법」

제11조(지방자치단체의 부담) ①~⑦ 생략

⑧ 시·도 및 시·군·자치구는 대통령령으로 정하는 바에 따라 관할구역에 있는 고등학교 이하 각급 학교의 교육에 드는 경비를 보조할 수 있다.

⑨~⑩ 생략

54 「지방자치단체의 교육경비 보조에 관한 규정」

제2조(보조사업의 범위) 특별시·광역시·도·특별자치도 및 시·군·구(이하 "지방자치단체"라 한다)가 관할구역안에 있는 고등학교이하 각급학교의 교육에 소요되는 경비중 보조할 수 있는 사업(이하 "보조사업"이라 한다)은 다음 각호와 같다.

1. 학교의 급식시설·설비사업
2. 학교의 교육정보화사업
   2의2. 학교의 교육시설개선사업 및 환경개선사업
3. 학교교육과정 운영의 지원에 관한 사업
4. 지역 주민을 위한 교육과정 개발 및 운영에 관한 사업
5. 학교교육과 연계하여 학교에 설치되는 지역 주민 및 청소년이 활용할 수 있는 체육·문화공간 설치사업
6. 기타 지방자치단체의 장이 필요하다고 인정하는 학교교육여건 개선사업

55 (재)한국산업발전연구원(2016), 정선 교육경비지원 효과분석 용역, p.21

56 2021년 3월 15일 신아일보

57 『서울신대림초 교육경비보조사업 정산 등』 관련 감사결과

58 2010 영등포구청으로부터 지원받은 「교실개조공사 및 관리실·특별실 리모델링 사업비」로 금 5천5백만 원을 지원받아 집행하면서, 사전에 구청장의 승인을 득하지 아니하고, 지원목적과 달리 「컴퓨터 본체 등 물품 구입 비용」으로 금 48,329,140원을 집행

59 교육경비보조금 지원사업에 대하여 ① 2009년 지원된 6개사업 금 62,040천원 중 학습준비물 지원사업(1개사업, 금 6,500천원) 정산보고서를 2012년 1월 10일 감사일 현재(772일 지체)까지 미제출, ② 2010년 지원받은 금 108,321천원(10개 사업)에 대하여 구청으로부터 수차례 전화 및 공

문으로 독촉을 받았으나, 사업 종료보고서를 기간 내(사업종료 후 15일이내) 제출하지 않고 129~476일까지 지연 제출

60 2021년 5월 16일 전국매일신문, 최승필의 돋보기

61 2021년 7월 27일 은평구시설관리공단 거주자우선주차 사이트 검색결과

62 2021년 7월 6일 한겨레신문 "기후위기 대응? 당신의 친환경 생활은 큰 도움이 안 될지도 모른다(https://www.hani.co.kr/arti/society/environment/1002322.html#csidx36328f8c61789eaa76f79052fe2ee72)

64 홍수열, 그건 쓰레기가 아니라고요: 플라스틱부터 음식물까지 한국형 분리배출 안내서, 슬로비, 2020년 9월 28일, p.14

65 한국환경정책평가연구원, 환경미화원 작업안전 개선대책 마련을 위한 연구 포럼, 환경부, 2018년 12월, pp.47~50

66 「산업안전보건기준에 관한 규칙」 제656조제1호에 따르면 "근골격계부담작업"이란 법 세39조제1항제5호에 따른 작업으로서 작업량·작업속도·작업강도 및 작업장 구조 등에 따라 고용노동부장관이 정하여 고시하는 작업을 말한다.

67 도봉구의회 행정기획위원회 전문위원, 서울특별시 도봉구 동물 보호 및 복지 조례 일부개정조례안 검토보고서, 2021년 3월 18일 p.14

68 정해동, 왜! 지방자치인가, 좋은땅, 2021년 3월 16일, p.55~57

69 서울특별시의회, 주민자치회의 도입을 통한 지방자치 활성화 방안 연구, 2017 서울특별시의회 연구용역 최종보고서, 2017년 11월, p.23

70 「지방재정법」

제39조(지방예산 편성 과정의 주민 참여) ① 지방자치단체의 장은 대통령령으로 정하는 바에 따라 지방예산 편성 과정에 주민이 참여할 수 있는 절차(이하 이 조에서 "주민참여예산제도"라 한다)를 마련하여 시행하여야 한다.

② 지방자치단체의 장은 제1항에 따라 예산 편성 과정에 참여한 주민의 의견을 수렴하여 그 의견서를 지방의회에 제출하는 예산안에 첨부

하여야 한다.

③ 행정자치부장관은 대통령령으로 정하는 바에 따라 지방자치단체별 주민참여예산제도의 운영에 대한 평가를 실시할 수 있다.

71 김기현, 주민참여예산제도의 운영 효율화 방안 연구, 공공정책연구 2017년 통권 제24권 1호, p.44

72 2014년 2월 12일 오마이뉴스, "내집 앞에서 공사를? 이런 문제 해결하는 법"을 발췌하여 인용

73 경기 부천시청 홈페이지

74 김영두 · 김창모 · 김은숙 · 최인석 · 문병진 · 남경래 · 김상수 · 전병모 · 최현숙 · 박진아 · 김현정* · 윤중섭 · 어수미, 유용미생물EM)을 활용한 음식물 쓰레기의 악취저감 효율평가, 서울特別市 保健環境硏究院報 第53號 (2017), p.159

75 국민권익위원회, 《2017 국민권익 백서》, pp.100~112

76 도봉구, 2020 하반기 구정기본현황, p.9

77 박재희, '위드with' 코로나 시대의 지방정부 성과와 자치분권 정책과제, 꼭 알아야 할 지방자치 정책브리프 No.119 2021. 4, 한국지방행정연구원

78 행정안전부, 지방의회 운영 가이드북-운영개요 · 법령해설, 2020년 1월, pp.82~84

79 선거연수원, 선거로 본 대한민국 정치사, 대학생 연수용 교재, pp.5~6

80 2021. 7. 28. 문화일보, [문화] 유희경의 시:선詩:選, 시인으로 사는 일

81 서우선, 「지방자치의정보좌관」, 한국산업기술원 지방자치연구소, 2005, p.739

82 2009년 10월 16일 한국경제신문

83 2021년 7월 14일 서울시의회 홈페이지 의회용어 검색결과

84 서우선, 《지방자치의정보좌관》, 한국산업기술원 지방자치연구소, 2005, p.38

85 서우선, 《지방자치의정보좌관》, 한국산업기술원 지방자치연구소, 2005, pp.745~750
86 주상현, 지역신문 현황 분석과 변화 방향, 《한국비교정부학보》 제21권 제4호(2017. 12), p261~287
87 이종수 · 윤영진 外, 《새 행정학》, (대영문화사, 1997년), p.25.
88 지방자치인재개발원/시 · 도공무원교육원, 2018 공통교재 지방예산실무, 2018년 2월
89 행정안전부, 지방의원 의정활동 안내서, 2018년 7월 p.32
90 2021년 8월 11일 매일경제
91 서울시의회 홈페이지
92 최민수, 지방의회운영, 제윤의정학술연구소, 2018년 7월 1일, pp. 292~294
93 2017년 8월 4일 서울신문
94 2022년 3월 25일 한국일보, "누가 저런 불량 후보 공천했나"…함량 미달 동네 일꾼들[기초 안 된 기초의원]
95 2020년 1월 7일 한겨레신문
96 2022년 3월 25일 한국일보, 기초의원 대다수 '50대 중년 남성'…풀뿌리 민주주의 대변할 수 있을까[기초 안 된 기초의원]
97 2022년 3월 7일 한국일보, 뉴스에는 나오지 않는 진짜 정치가 있다

나는 지방의회에서 일한다

초판 1쇄 발행 2022년 6월 20일
초판 2쇄 인쇄 2023년 4월 10일

지 은 이 이일우
펴 낸 이 전익균

이　　사 정정오, 김영진, 김기충
기　　획 조양제, 백현서
편　　집 김 정
디 자 인 페이지제로
관　　리 김희선, 유민정
개　　발 신두인
마 케 팅 팀메이츠
유　　통 새빛북스

펴낸곳 에이원북스
전화 (02) 2203-1996, (031) 427-4399 **팩스** (050) 4328-4393
출판문의 및 원고투고 이메일 svedu@daum.net
등록번호 제215-92-61832호 **등록일자** 2010. 7. 12

값 16,000원
ISBN 979-11-91517-18-7 03350

* 에이원북스는 (주)새빛컴즈, 도서출판 새빛, 새빛에듀넷,새빛북스,에이원북스,북클래스 브랜드를 운영하고 있습니다.
* (주)아미푸드앤미디어는 북카페 아미유를 운영중에 있습니다.
* 파본은 구입처에서 교환해 드리며, 관련 법령에 따라 환불해 드립니다. 다만, 제품 훼손 시에는 환불이 불가능합니다.